Grundlagen der Webprogrammierung

mit PHP

Impressum
Titel: Grundlagen der Webprogrammierung mit PHP
Autor: Gerd Tentler
Copyright: © 2015 Gerd Tentler

Inhaltsverzeichnis

Einführung

Dieses Buch richtet sich an alle, die mithilfe der Skriptsprache PHP dynamische Webseiten und Webapplikationen erstellen möchten.

Voraussetzungen

Dieses Buch setzt keine Programmierkenntnisse voraus. Es wird allerdings davon ausgegangen, dass grundlegende HTML-Kenntnisse vorhanden sind, da dies unerlässlich zur Darstellung von Inhalten im Internet ist. Leser, die noch nicht über entsprechende Kenntnisse verfügen, sollten sich daher zumindest die Grundlagen der Webseitenerstellung mit HTML aneignen, bevor sie sich mit diesem Buch befassen.

Um die Beispiele in diesem Buch ausprobieren zu können, wird ein Webserver mit PHP benötigt. In Kapitel 2 wird kurz auf die Installation der entsprechenden Software eingegangen. Die Beispielskripte wurden mit PHP 5.2 erstellt; es ist durchaus möglich, dass einige Skripte mit anderen Interpreter-Versionen nicht richtig funktionieren, da der Interpreter ständigen Veränderungen und Erweiterungen unterliegen.

Hinweise zur Nutzung dieses Buchs

Quellcode und Konfigurationsanweisungen werden folgendermaßen dargestellt:

```
Quellcode und Konfigurationsanweisungen
```

Skriptausgaben im Webbrowser werden folgendermaßen dargestellt:

```
Skriptausgaben im Webbrowser
```

1. Begriffserklärungen

Dieses Kapitel vermittelt ein gewisses Basiswissen, das benötigt wird, um sich in der Welt der Webprogrammierung zurechtzufinden. Bereits erfahrene Webprogrammierer brauchen sich hier also nicht lange aufzuhalten, sondern können auch direkt mit dem nächsten Kapitel weitermachen.

1.1. Was ist eigentlich ein Webserver?

Unter dem Begriff *Webserver* versteht man im Allgemeinen einen Rechner, der mithilfe bestimmter Dienste Webinhalte zur Verfügung stellt. Einer dieser Dienste ist der sogenannte *HTTP-Server* wie zum Beispiel Apache oder IIS. HTTP (**H**yper **T**ext **T**ransfer **P**rotocol) bezeichnet ein standardisiertes Kommunikationsschema, mit dem Webseiten und andere Dateien im Internet übertragen werden. Es besteht aus dem sogenannten *Header*, der unter anderem Informationen über den Datentyp enthält (z. B. HTML-Text oder Bilder), und natürlich den zu übertragenden Daten.

Neben dem HTTP-Server gibt es auch *FTP-Server* (**F**ile **T**ransfer **P**rotocol) wie zum Beispiel ProFTPd zum benutzerabhängigen Verwalten von Dateien und Verzeichnisstrukturen, *Mailserver* (z. B. Sendmail) zum Austausch von E-Mails sowie *Datenbankserver* (z. B. MySQL oder Oracle).

Häufig laufen diese Serverdienste auf einem einzigen Rechner, der gemeinhin als Webserver bezeichnet wird, obwohl dieser Begriff auch für den HTTP-Server gebraucht wird. Webanbieter mit großem Kundenstamm und entsprechend hoher Auslastung betreiben in der Regel aber separate Mail- und Datenbankserver.

1.1.1. Server und Client

Vereinfacht ausgedrückt stellt ein *Server* im Netzwerk bestimmte Dienste zur Verfügung, die von den anderen Rechnern im Netzwerk, den *Clients*, angefordert werden können. Einer dieser Dienste ist wie bereits erwähnt der HTTP-Server, über den Webseiten, die sich auf dem Server befinden, vom Webbrowser des Clients abgerufen werden können.

PHP, Perl und Python sind *serverseitige* Skriptsprachen. Das bedeutet, dass die Skripte auf dem Server gespeichert und auch dort ausgeführt werden, und nur das Ergebnis zum Beispiel in Form von HTML-Seiten an den Client (sprich den Webbrowser) gesendet wird.

JavaScript hingegen ist ein gutes Beispiel für eine *clientseitige* Skriptsprache. Das Skript wird zwar auf dem Server gespeichert (entweder in einer extra Datei oder direkt im HTML-Code der Webseite), aber es wird vom Webbrowser des Clients ausgeführt. Daher kann man nie ganz sicher sein, wie das Ergebnis aussehen wird, denn das ist immer abhängig vom jeweiligen Webbrowser. Außerdem ist JavaScript im Sprachumfang sehr eingeschränkt; beispielsweise gibt es aus Sicherheitsgründen keinen Dateizugriff, und auch auf Datenbanken kann nicht zugegriffen werden.

1.1.2. IP-Adressen und Domainnamen

Die *Internetprotokollfamilie* ermöglicht es, Verbindungen herzustellen und Datenpakete zu verschicken, und bildet somit die Basis für die Kommunikation im Internet. *TCP/IP* (**T**ransmission **C**ontrol **P**rotocol / **I**nternet **P**rotocol) ist ein gebräuchliches Synonym dafür. Die Protokolle der

Anwendungsschicht wie zum Beispiel HTTP, FTP, SMTP und POP3 (letztere für Mailversand und Mailempfang) bilden dabei die Schnittstelle zwischen den Serverdiensten (HTTP-Server, Mailserver etc.) und TCP/IP.

Um Daten empfangen und verschicken zu können, benötigt jeder Rechner im Netzwerk eine eigene *Adresse*. Stellen Sie sich diese Adresse am besten wie eine Telefonnummer vor. Internetadressen werden *IP-Adressen* genannt und sehen zum Beispiel so aus: 145.97.39.155 oder 62.104.23.42. Da das nicht besonders aussagekräftig ist, hat man sich die sogenannten *Domainnamen* ausgedacht. So wird zum Beispiel aus der ersten IP-Adresse de.wikipedia.org und aus der zweiten www.freenet.de (Stand Januar 2007). Eine IP-Adresse kann übrigens auch mehrere Domainnamen haben, die dann natürlich alle auf den gleichen Server verweisen.

1.1.3. Das Common Gateway Interface (CGI)

Als *CGI* bezeichnet man eine Schnittstelle für den Datenaustausch zwischen dem HTTP-Server und anderen Programmen (z. B. PHP-, Perl- und Python-Skripte). Ein HTTP-Server, der CGI unterstützt, stellt diesen Programmen eine Laufzeitumgebung zur Verfügung, die bestimmte *Umgebungsvariablen* (mehr dazu in Kapitel 6.3) sowie Ein- und Ausgabekanäle bereitstellt. Ohne diese Schnittstelle wäre die Webprogrammierung mit Skriptsprachen kaum möglich. Webprogrammierung wird daher auch als *CGI-Programmierung* und Webskripte werden als *CGI-Skripte* bezeichnet.

1.2. Was ist eigentlich eine Skriptsprache?

In der Softwareentwicklung unterscheidet man zwischen *Hochsprache* und *Maschinensprache* bzw. *Maschinencode*. Der Mikroprozessor (CPU) eines Computers kann nur eine Sprache verstehen, nämlich den Maschinencode. Der ist aber für einen Menschen ziemlich unübersichtlich und umständlich, denn er besteht nur aus einer Folge von Nullen (kein Strom) und Einsen (Strom). Daher hat man Hochsprachen wie zum Beispiel BASIC, C und Pascal erfunden. Die sind zwar für den Menschen verständlicher, müssen aber erst in Maschinencode übersetzt werden, bevor die CPU etwas damit anfangen kann. Hierbei verfolgt man mit den *Interpretersprachen* und den *Compilersprachen* zwei unterschiedliche Ansätze.

1.2.1. Interpretersprachen

Programme, die mit einer Interpretersprache geschrieben wurden, werden automatisch während der Laufzeit des Programms in Maschinencode übersetzt, d. h. der *Interpreter* übersetzt entweder jeden Befehl einzeln oder das komplette Programm erst in Maschinencode und führt diesen Maschinencode dann aus. Dabei entsteht keine ausführbare Programmdatei, sondern der Quellcode muss bei jedem Programmstart erneut übersetzt werden. Als Ende der 1970er / Anfang der 1980er Jahre die ersten Heimcomputer auf den Markt kamen, waren sie fast alle mit einem BASIC-Interpreter (**B**eginner's **A**ll-purpose **S**ymbolic **I**nstruction **C**ode) als Benutzeroberfläche und Programmierumgebung ausgestattet. Mittlerweile hat sich BASIC aber auch zur Compilersprache gemausert (z. B. VisualBasic).

1.2.2. Compilersprachen

Programme, die mit einer Compilersprache geschrieben wurden, müssen zunächst komplett in Maschinencode übersetzt und in ausführbare Programme umgewandelt werden, bevor diese dann gestartet werden können. Dafür gibt es einen extra Übersetzer, den sogenannten *Compiler*, sowie einen *Linker*, der schließlich von dem kompilierten Quellcode die ausführbare Programm-datei (z. B. eine EXE-Datei in Windows) erzeugt. Typische Compilersprachen sind konventionelle Programmiersprachen wie zum Beispiel C/C++ und Pascal.

Ein großer Vorteil der Compilersprachen ist ihre Geschwindigkeit, denn während ein Interpreter während der Laufzeit erst noch übersetzen muss, liegen die kompilierten Programme bereits in Maschinencode vor und können sofort ausgeführt werden. Außerdem brauchen diese ausführba-ren Programme natürlich keinen Interpreter und laufen auch auf anderen Rechnern mit gleichem System, auf denen kein entsprechender Compiler und Linker installiert sind – eine wichtige Vo-raussetzung, um Software unabhängig vom Quellcode verbreiten zu können.

Programme, die mit Interpretersprachen geschrieben wurden, können hingegen in der Regel nur als Quellcode weitergegeben werden und laufen nur auf Systemen, auf denen der entsprechende Interpreter installiert ist.

1.2.3. Skriptsprachen

Wenn von *Skriptsprachen* die Rede ist, sind fast immer Interpretersprachen gemeint. Auch PHP ist eine Interpretersprache.

Skriptsprachen wurden anfangs hauptsächlich für kleinere Automatisierungen verwendet (z. B. *Shellskripte*). Typische Merkmale von Skriptsprachen im Gegensatz zu konventionellen Pro-grammiersprachen sind das Fehlen von Variablendeklarationen, automatische Typumwandlung und automatische Speicherverwaltung. Allerdings überschneiden sich die Anwendungsgebiete und Eigenschaften von konventionellen Programmiersprachen und Skriptsprachen mittlerweile stark, wodurch eine klare Abgrenzung kaum noch möglich ist.

1.2.3.1. PHP

PHP wurde 1995 von Rasmus Lerdorf entwickelt und stand ursprünglich für „Personal Home Page Tools". Heute ist die Bezeichnung ein rekursives Backronym für „Hypertext Preprocessor". PHP3 wurde von Andi Gutmans und Zeev Suraski in Kooperation mit Lerdorf neu geschrieben.

PHP wurde speziell für die Webprogrammierung entwickelt und lässt sich wie z. B. ASP direkt in HTML-Seiten einbinden.

1.3. Warum gerade PHP?

Die Antwort auf diese Frage ist simpel: PHP ist kostenlos und für unterschiedliche Plattformen (z. B. Linux, Mac OS, Windows) erhältlich und daher weit verbreitet. Hingegen läuft zum Beispiel ASP (mit VBScript oder JScript) nur auf Windows-Systemen mit IIS. Außerdem ist PHP im Ge-gensatz zu alternativen kostenlosen Skriptsprachen wie Perl oder Python explizit auf die Pro-grammierung von dynamischen Webseiten ausgelegt.

2. Einrichtung des Webservers

Dieses Kapitel beschäftigt sich mit der Einrichtung eines eigenen Webservers, um die in diesem Buch vorgestellten Programmbeispiele testen und bearbeiten zu können. Wer bereits einen fertig eingerichteten Webserver mit PHP zur Verfügung hat, kann dieses Kapitel gern überspringen.

2.1. LAMP und WAMP

LAMP bedeutet „Linux Apache MySQL PHP", *WAMP* bedeutet „Windows Apache MySQL PHP". Diese Abkürzungen bezeichnen zwei beliebte Serverkonfigurationen und unterscheiden sich nur in der Wahl des Betriebssystems (Linux oder Windows). Grundsätzlich sind Linux-Server im Internet häufiger vertreten, da Linux als das stabilere und sicherere Betriebssystem gilt. Außerdem ist Linux im Gegensatz zu Windows kostenlos. Da die meisten Privatrechner jedoch eher mit Windows ausgestattet sind, hat WAMP als lokales Test- und Entwicklungssystem durchaus seine Berechtigung.

Apache ist, wie bereits erwähnt, ein HTTP-Server, MySQL ein Datenbankserver, und PHP bekanntlich eine Skriptsprache. Allen ist gemein, dass sie erstens kostenlos und zweitens sehr weit verbreitet sind.

Hinweis: Die Installation von MySQL ist im Rahmen dieses Buches nicht erforderlich.

2.2. Installation

Alle Programme einzeln zu installieren und zu konfigurieren kann etwas umständlich und für den Laien nicht immer leicht verständlich sein, daher empfehle ich die Installation eines bereits konfigurierten Pakets namens XAMPP. Es enthält neben Apache, MySQL und PHP auch Perl und kann hier heruntergeladen werden:

XAMPP: `http://www.apachefriends.org`

Wer die Komponenten lieber separat installieren will, wird bei diesen Adressen fündig:

Apache: `http://www.apache.org`
PHP: `http://www.php.net`

Egal, ob Sie XAMPP oder alle Komponenten einzeln installieren – bitte lesen Sie die Installations- und Konfigurationsanleitungen sorgfältig durch und befolgen Sie die darin enthaltenen Anweisungen. Eine komplette Installations- und Konfigurationsanleitung kann hier nicht gegeben werden, da sie ständigen Änderungen und Anpassungen an neue Versionen unterliegen und zudem den Rahmen dieses Buches sprengen würde.

2.3. Hinweise zur Konfiguration des Apache HTTP-Servers

Wenn XAMPP installiert wurde, sollte Apache für PHP bereits entsprechend konfiguriert sein. Ansonsten ist darauf zu achten, dass in der Konfigurationsdatei `httpd.conf` folgende Einträge vorhanden sind (es wird davon ausgegangen, dass Apache 2 auf einem Windows-System installiert wurde):

```
AddType application/x-httpd-php .php
PHPIniDir "C:/php"
LoadModule php5_module "C:/php/php5apache2.dll"
```

Hinweis: Das PHP-Verzeichnis c:/php kann bei Ihnen woanders sein. Passen Sie den Pfad bitte den Gegebenheiten auf Ihrem System an.

Hinweis: Alle Änderungen in der Datei httpd.conf werden erst nach einem Apache-Neustart wirksam.

3. Das erste Skript

Nachdem wir nun einen entsprechend konfigurierten Webserver zur Verfügung haben, steht dem Sprung ins kalte Wasser der Webprogrammierung nichts mehr im Wege. Webskripte können mit einem beliebigen Texteditor geschrieben werden, zum Beispiel mit dem Windows-Notepad. Wichtig ist nur, dass die Skripte als reine ASCII-Textdatei gespeichert werden.

Es gibt aber auch spezielle Texteditor-Programme, die Schlüsselwörter, Symbole, Kommentare usw. verschiedenfarbig darstellen (*Syntax-Highlighting*), wodurch die Skripte besser lesbar werden. Ein solches Programm ist zum Beispiel Notepad++ für Windows, kostenlos erhältlich unter `http://notepad-plus-plus.org`.

Bevor wir mit dem ersten Skript beginnen, müssen wir uns über den Speicherort unserer Skripte Gedanken machen. PHP-Skripte können im gleichen Verzeichnis gespeichert werden wie HTML-Seiten, also im Webverzeichnis des Webservers. Falls Sie auf Ihrem Rechner einen eigenen Webserver installiert haben (siehe Kapitel 2), heißt dieses Verzeichnis `htdocs` und befindet sich im Apache-Verzeichnis, also auf Windows-Systemen zum Beispiel `c:\apache2\htdocs`. Der Pfad kann mit der Anweisung `DocumentRoot` in der Datei `httpd.conf` geändert werden; allerdings muss zusätzlich auch jeder weitere Verweis auf das ursprüngliche Webverzeichnis in dieser Datei geändert werden.

Falls Sie ein Webpaket bei einem Webanbieter mit PHP-Unterstützung nutzen, speichern Sie Ihre PHP-Skripte bitte unter Benutzung eines FTP-Programms in Ihrem Webverzeichnis. Die FTP-Zugangsdaten erhalten Sie von Ihrem Webanbieter.

3.1. skript1.php

Nun aber endlich zu unserem ersten Skript. Öffnen Sie den Texteditor Ihrer Wahl, geben Sie folgenden Code ein und speichern Sie ihn in Ihrem Webverzeichnis unter dem Namen `skript1.php`:

```
<html>
<head>
<title>Mein erstes Skript</title>
</head>
<body>
<?php
  print "Auf diesem Server läuft PHP-Version " . phpversion();
?>
</body>
</html>
```

Nachdem Sie das Skript gespeichert haben, öffnen Sie es mit Ihrem Webbrowser. Sollten Sie einen lokalen Webserver benutzen, geben Sie als Adresse

`http://localhost/skript1.php`

ein, ansonsten ersetzen Sie `localhost` durch Ihre Domain. Wenn Sie alles richtig gemacht haben, sollte von Ihrem Webbrowser nun Folgendes angezeigt werden (die Versionsnummer wird bei Ihnen vermutlich anders sein):

Auf diesem Server läuft PHP-Version 5.2.6

Wie Sie am Quellcode sehen, kann PHP-Code direkt in eine HTML-Seite eingebunden werden, und zwar zwischen <?php und ?>, wobei <?php in der Regel auch mit <? abgekürzt werden kann:

```
<?php
    print "Auf diesem Server läuft PHP-Version " . phpversion();
?>
```

Der eigentliche PHP-Code besteht nur aus einer Anweisung. Dem *Schlüsselwort* print folgt der auszugebende Text in doppelten Anführungszeichen (den bezeichnet man als *Zeichenkette* oder *String*), dahinter ein Punkt. Mit einem Punkt kann man zwei Zeichenketten miteinander verbinden – hier wird die Zeichenkette allerdings mit einer *Funktion* namens phpversion verbunden. Auf Funktionen werden wir später noch genauer eingehen; an dieser Stelle sei nur gesagt, dass phpversion die aktuelle Versionsnummer des PHP-Interpreters als Zeichenkette zurückgibt. Abgeschlossen wird die Anweisung – wie übrigens alle PHP-Anweisungen – mit einem Semikolon.

Statt print kann in PHP übrigens auch das Schlüsselwort echo benutzt werden:

```
echo "Auf diesem Server läuft PHP-Version " . phpversion();
```

Falls Sie sich schon die ganze Zeit fragen, was Schlüsselwörter sind – darunter versteht man vom Interpreter reservierte Wörter, die meistens Anweisungen einleiten und daher nicht zur Bezeichnung von Funktionen und Klassen (in Python auch nicht für Variablen) benutzt werden dürfen. Mehr zu Variablen, Funktionen und Klassen später.

3.2. Zusammenfassung

Nachdem nun das erste Skript vorgestellt wurde, sind sicherlich noch viele Fragen offen. Keine Sorge, in den folgenden Kapiteln wird näher auf Variablen, Funktionen und Module eingegangen. Folgendes sollten Sie aber in diesem Kapitel gelernt haben:

- PHP-Code wird immer mittels <?php und ?> bzw. <? und ?> eingebunden und kann so an beliebiger Stelle in HTML-Seiten eingebaut werden.

- PHP-Skripte können an beliebiger Stelle innerhalb des Webpfads gespeichert werden.

- Mit der **print**-Anweisung werden Zeichenketten ausgegeben. PHP kennt neben **print** auch das Schlüsselwort **echo**.

4. Anweisungen und Kommentare

Durch *Anweisungen* wird der Interpreter dazu veranlasst, bestimmte Aktionen auszuführen. Wir haben bereits die `print`-Anweisung kennen gelernt, die dazu dient, Zeichenketten auszugeben. Was eine Zeichenkette genau ist, erfahren Sie in Kapitel 5.

Wie wir im ersten Skript bereits gesehen haben, enden PHP-Anweisungen immer mit einem Semikolon. Zum sauberen Programmierstil gehört, dass man nicht mehrere Anweisungen in eine Zeile schreibt, denn das würde den Code unleserlich machen. Dem PHP-Programmierer bleibt es allerdings freigestellt, ob er sich an diese Regel hält, da nur das Semikolon und nicht der Zeilenumbruch die Anweisung abschließt.

4.1. Kommentare

Zur besseren Lesbarkeit von Programmen tragen auch die *Kommentare* bei. Wie der Name schon sagt, dienen sie dazu, bestimmte Stellen im Quellcode zu kommentieren, damit man später noch weiß, was man da eigentlich gemacht hat. Natürlich helfen Kommentare auch anderen Programmierern, sich besser in Ihrem Quellcode zurechtzufinden.

```
// Das ist ein einzeiliger Kommentar.

# Das ebenfalls.

/*
    Dieser Kommentar geht
    über mehrere Zeilen.
*/
```

Wie Sie an diesem Beispiel sehen können, unterscheidet PHP *einzeilige* und *mehrzeilige* Kommentare. Einzeilige Kommentare werden entweder mit `//` oder mit `#` eingeleitet und enden mit dem Zeilenumbruch. Mehrzeilige Kommentare befinden sich irgendwo zwischen `/*` und `*/`.

4.2. Anweisungsblöcke

Manchmal müssen Anweisungen zu *Anweisungsblöcken* zusammengefasst werden. Das ist zum Beispiel dann der Fall, wenn sie zu einer übergeordneten *bedingten Anweisung*, einer *Schleife* oder einer *Funktion* gehören. Bedingte Anweisungen werden gleich erklärt, Schleifen und Funktionen an späterer Stelle.

```
if($alter < 60) {
    print "Sie sind ja noch jung!";
    $beimUmzugHelfen = "ja";
}
```

Dieses Beispiel zeigt einen Anweisungsblock nach einer bedingten Anweisung. Der Anweisungsblock besteht aus zwei Anweisungen, beginnt mit der geöffneten geschweiften Klammer { und endet mit der geschlossenen geschweiften Klammer }. Aus Gründen der Übersichtlichkeit werden die Anweisungen innerhalb des Anweisungsblocks eingerückt – auch das gehört zum sauberen Programmierstil.

4.3. Bedingte Anweisungen

Von einer *bedingten Anweisung* spricht man, wenn die Ausführung eines bestimmten Codes von einer oder mehreren Bedingungen abhängig gemacht wird. Sie sind ein äußerst wichtiger Bestandteil aller Programmiersprachen, denn ohne sie könnten im Programm keine logischen Strukturen abgebildet werden. Syntax und Wirkungsweise sollen im Folgenden an einem kleinen Skript veranschaulicht werden.

4.3.1. skript2.php

```
<html>
<head>
<title>Bedingte Anweisungen</title>
</head>
<body>
<?php
  $alter = 25;

  if($alter < 10) {
    print "Sie sind mit $alter noch zu jung!";
    $beimUmzugHelfen = "nein";
  }
  elseif($alter < 60) {
    print "Sie sind mit $alter ja noch jung!";
    $beimUmzugHelfen = "ja";
  }
  else {
    print "Sie sind mit $alter schon zu alt!";
    $beimUmzugHelfen = "nein";
  }

  if($beimUmzugHelfen == "ja")
    print " Helfen Sie bitte beim Umzug.";
  else print " Sie brauchen nicht zu helfen.";
?>
</body>
</html>
```

Nachdem Sie das Skript unter `skript2.php` im Webverzeichnis abgespeichert haben, rufen Sie es bitte mit Ihrem Webbrowser auf. Folgende Ausgabe sollte nun erscheinen:

```
Sie sind mit 25 ja noch jung! Helfen Sie bitte beim Umzug.
```

Ändern Sie nun mal das Alter auf 60:

```
$alter = 60;
```

Speichern Sie das geänderte Skript und rufen Sie es erneut mit Ihrem Webbrowser auf. Folgende Ausgabe sollte nun erscheinen:

> Sie sind mit 60 schon zu alt! Sie brauchen nicht zu helfen.

Ändern Sie schließlich das Alter auf 9:

```
$alter = 9;
```

Speichern Sie das geänderte Skript und rufen Sie es erneut mit Ihrem Webbrowser auf. Die Ausgabe sollte sich nun wie folgt ändern:

> Sie sind mit 9 noch zu jung! Sie brauchen nicht zu helfen.

Schauen wir uns das Skript mal etwas genauer an:

```
$alter = 25;
```

Hier wird einer Variablen namens $alter die Zahl 25 zugewiesen. Variablen beginnen in PHP immer mit einem Dollarzeichen. Mehr zu Variablen in Kapitel 6.

```
if($alter < 10) {
    print "Sie sind mit $alter noch zu jung!";
    $beimUmzugHelfen = "nein";
}
```

Nun wird es interessant. Mit dem Schlüsselwort if, gefolgt von einer oder mehreren Bedingungen innerhalb der runden Klammern, werden in PHP bedingte Anweisungen realisiert. Die Bedingung lautet hier $alter < 10. Es wird also geprüft, ob der Wert der Variablen $alter kleiner als 10 ist. Wenn dies der Fall ist, werden die beiden Anweisungen im darunter folgenden Anweisungsblock ausgeführt und die if-Anweisung wird verlassen.

Die print-Anweisung gibt eine Zeichenkette aus. Innerhalb der Zeichenkette darf auch die Variable $alter verwendet werden – der PHP-Interpreter ersetzt sie vor der Ausgabe automatisch durch ihren Inhalt. Die zweite Anweisung weist der Variablen $beimUmzugHelfen die Zeichenkette „nein" zu.

Nach dem ersten Anweisungsblock geht die if-Anweisung mit dem elseif-Zweig und dem zweiten Anweisungsblock weiter:

```
elseif($alter < 60) {
    print "Sie sind mit $alter ja noch jung!";
    $beimUmzugHelfen = "ja";
}
```

Hier wird geprüft, ob der Wert der Variablen $alter kleiner als 60 ist. Sollte dies der Fall sein, wird der nachfolgende Anweisungsblock ausgeführt. Wichtig ist, dass diese Bedingung nur dann geprüft wird, wenn die erste Bedingung ($alter < 10) nicht bereits erfüllt und damit die if-Anweisung verlassen wurde. Eine if-Anweisung kann auch mehrere elseif-Zweige enthalten. Übrigens darf in PHP elseif auch getrennt geschrieben werden (else if).

```
else {
  print "Sie sind mit $alter schon zu alt!";
  $beimUmzugHelfen = "nein";
}
```

Dieser Anweisungsblock wird nur dann ausgeführt, wenn beide vorangegangenen Bedingungen nicht erfüllt wurden; in unserem Beispiel also, wenn das Alter mindestens 60 beträgt. Der else-Zweig steht, falls er vorhanden ist, immer am Ende der if-Anweisung und kann keine Bedingung haben. Außerdem kann eine if-Anweisung nur einen else-Zweig enthalten.

Eine if-Anweisung muss nicht notwendigerweise einen elseif- oder else-Zweig haben. Falls die Bedingung nicht erfüllt wurde und weder ein elseif- noch ein else-Zweig existiert, wird einfach gar nichts ausgeführt und mit dem nachfolgenden Code weitergemacht. Ein elseif- oder else-Zweig setzt jedoch immer eine vorangehende if-Anweisung voraus.

```
if($beimUmzugHelfen == "ja")
  print " Helfen Sie bitte beim Umzug.";
else print " Sie brauchen nicht zu helfen.";
```

Zum Schluss noch eine Variante der if-Anweisung ohne Anweisungsblöcke. Wenn im if-, elseif- oder else-Zweig nur eine Anweisung steht, kann man in PHP die geschweiften Klammern auch weglassen.

Interessant ist hier noch die Bedingung; sie prüft, ob der Inhalt der Variablen $beimUmzugHelfen „ja" ist. Dies geschieht in PHP mit dem doppelten Gleichheitszeichen. Mehr dazu später in Kapitel 7.

4.3.2. Die switch-Anweisung

PHP kennt neben der if-Anweisung auch noch die sogenannte switch-Anweisung, die ähnlich funktioniert, jedoch auf die Inhaltsprüfung einer bestimmten Variablen beschränkt ist. Die Variable kann dabei immer nur mit einem bestimmten Wert verglichen werden; Vergleiche wie zum Beispiel „größer als" oder „kleiner als" sind dabei nicht möglich. Daher kann die switch-Anweisung nur eingeschränkt eingesetzt werden. Hier ein kleines Beispiel:

```
# Abfrage mit if-Anweisung:

if($beimUmzugHelfen == "ja")
  print "Danke!";
elseif($beimUmzugHelfen == "vielleicht")
  print "Nicht zu lange überlegen!";
elseif($beimUmzugHelfen == "nein")
  print "OK, vielleicht beim nächsten Mal.";
else print "Entscheiden Sie sich bitte!";

# Abfrage mit switch-Anweisung:

switch($beimUmzugHelfen) {
  case "ja":
    print "Danke!";
```

```
    break;
  case "vielleicht":
    print "Nicht zu lange überlegen!";
    break;
  case "nein":
    print "OK, vielleicht beim nächsten Mal.";
    break;
  default:
    print "Entscheiden Sie sich bitte!";
}
```

Die Variable `$beimUmzugHelfen` wird hier einmal mit einer `if`-Anweisung und einmal mit einer `switch`-Anweisung auf ihren Inhalt hin geprüft. Auf den ersten Blick wird Ihnen vermutlich auffallen, dass die `switch`-Anweisung etwas übersichtlicher ist.

`switch` beinhaltet die zu prüfende Variable innerhalb runder Klammern. Die möglichen Werte, die bei der `if`-Anweisung mittels doppeltem Gleichheitszeichen mit der Variable verglichen werden, erscheinen bei der `switch`-Anweisung innerhalb der geschweiften Klammern jeweils hinter dem Schlüsselwort `case`, gefolgt von einem Doppelpunkt. Danach folgen beliebige Anweisungen ohne Anweisungsblock.

Wichtig ist die `break`-Anweisung am Ende jedes `case`-Zweiges. Sie bewirkt, dass im Falle einer erfolgreichen Prüfung die `switch`-Anweisung nach Ausführung der entsprechenden Anweisungen auch verlassen wird, denn das geschieht im Gegensatz zur `if`-Anweisung hier nicht automatisch.

Mit dem `default`-Zweig wird der `else`-Zweig der `if`-Anweisung abgebildet. Er hat keine Bedingung und kann auch weggelassen werden. Falls er jedoch vorhanden ist, sollte er wie im Beispiel immer am Ende der `switch`-Anweisung stehen.

4.3.3. Alternative Schreibweise für `if`- und `switch`-Anweisungen

Es gibt in PHP auch eine alternative Schreibweise für `if`- und `switch`-Anweisungen:

```
# Abfrage mit if-Anweisung:

if($beimUmzugHelfen == "ja"):
  print "Danke!";
elseif($beimUmzugHelfen == "nein"):
  print "OK, vielleicht beim nächsten Mal.";
else:
  print "Entscheiden Sie sich bitte!";
endif;

# Abfrage mit switch-Anweisung:

switch($beimUmzugHelfen):
  case "ja":
    print "Danke!";
    break;
  case "nein":
```

```
   print "OK, vielleicht beim nächsten Mal.";
   break;
 default:
   print "Entscheiden Sie sich bitte!";
endswitch;
```

Hier werden die geschweiften Klammern einfach durch den Doppelpunkt sowie die Endbezeich-
ner `endif` und `endswitch` ersetzt. In der Wirkungsweise unterscheiden sich die beiden
Schreibweisen jedoch nicht.

4.3.4. Einfache Entweder-Oder-Anweisung

Da Programmierer im Allgemeinen als recht schreibfaul gelten, erlaubt PHP auch eine Kurzschreibweise, wenn eine bedingte Anweisung nur aus `if`- und `else`-Zweig mit jeweils einer
Anweisung besteht, denn das kommt recht häufig vor.

```
# normale Schreibweise:
if($alter < 10) print "Nicht helfen.";
else print "Bitte helfen!";

# Kurzschreibweise:
print ($alter < 10) ? "Nicht helfen." : "Bitte helfen!";
```

Nach der Bedingung `$alter < 10` folgt ein Fragezeichen mit der Anweisung, was zu tun ist,
wenn die Bedingung erfüllt wurde. Danach folgt ein Doppelpunkt mit der Anweisung, die ausgeführt wird, wenn die Bedingung nicht erfüllt wurde (`else`-Zweig).

4.4. Zusammenfassung

Auch das zweite Skript lässt sicherlich noch einige Fragen offen, auf die natürlich in späteren
Kapiteln eingegangen wird. Folgendes sollten Sie sich aber an dieser Stelle merken:

- Kommentare dienen zur Dokumentation Ihrer Skripte. PHP kennt einzeilige und mehrzeilige
  Kommentare.

- Anweisungen werden mit einem Semikolon abgeschlossen.

- Anweisungsblöcke werden in geschweifte Klammern eingefasst.

- Bedingte Anweisungen beginnen mit dem Schlüsselwort `if` und können auch mehrere
  `elseif`- sowie einen `else`-Zweig enthalten.

- `if`- und `elseif`-Zweige enthalten immer eine oder mehrere Bedingungen, die auf Wahrheit
  geprüft werden; der `else`-Zweig am Schluss der `if`-Anweisung kann jedoch keine Bedingung enthalten.

- Falls ein `if`-, `elseif`- oder `else`-Zweig mehrere Anweisungen enthalten soll, müssen
  diese in einem Anweisungsblock zusammengefasst werden.

- Für einfache Entweder-Oder-Abfragen wird häufig die Kurzschreibweise verwendet.

5. Literale

Zahlen und Zeichenketten werden als *Literale* bezeichnet. Zeichenketten haben Sie bereits kennengelernt. Sie können zum Beispiel alphanumerische Zeichen sowie bestimmte Sonderzeichen enthalten. Neben Zeichenketten enthält ein Skript in der Regel auch Zahlen.

5.1. Zahlen

In der Programmierung unterscheidet man zwei Typen von Zahlen: *Ganzzahlen* (auch *Integer* genannt) und *Fließkommazahlen* (auch *Float* oder *Double* genannt).

5.1.1. Ganzzahlen

Ganzzahlen können in dezimaler, oktaler und hexadezimaler Schreibweise angegeben werden. Beispiele:

```
Dezimal:      10    -10
Oktal:        012   -012
Hexadezimal:  0xA   -0xA
```

Die maximale Größe einer Ganzzahl ist plattformabhängig, sollte aber in der Regel vorzeichenbehaftet mindestens etwa zwei Milliarden betragen.

5.1.2. Fließkommazahlen

Fließkommazahlen werden immer mit einem Dezimalpunkt angegeben. Beispiele:

```
0.2345      -0.2345
.2345       -.2345
123.456     -123.456
```

Die maximale Größe einer Fließkommazahl ist plattformabhängig; PHP zeigt in der Regel insgesamt maximal 12 Stellen an.

Ein Wort zur Genauigkeit (Präzision) von Fließkommazahlen: Leider können sie häufig nicht in ihre internen binären Entsprechungen konvertiert werden, ohne dabei einen kleinen Teil ihrer Genauigkeit zu verlieren. Manche Zahlen wie zum Beispiel 1/3 (0.33333...) sind nun mal nicht durch eine endliche Anzahl an Nachkommastellen darstellbar. Deshalb sollten Sie Ergebnissen von Fließkomma-Operationen nie bis auf die letzte Nachkommastelle trauen. Falls Sie jedoch eine größere Genauigkeit benötigen, stellt PHP entsprechende Funktionen bereit, auf die hier im Rahmen der Webprogrammierung allerdings nicht eingegangen wird.

5.2. Zeichenketten

In PHP können Zeichenketten sowohl in einfache als auch in doppelte Anführungszeichen eingefasst werden. Neben alphanumerischen Zeichen können sie unter anderem auch folgende Sonderzeichen enthalten, die immer mit einem Backslash (\) eingeleitet werden:

\n   Zeilenvorschub (LF), erzeugt einen Zeilenumbruch

\r   Wagenrücklauf (CR), wird eigentlich nur für Macintosh- (\r) und Windows-Dateien
      (\r\n) gebraucht, um dort das Zeilenende zu markieren
\t   Tabulator, erzeugt einen horizontalen Tabulatorsprung

PHP interpretiert diese Sonderzeichen jedoch nur in Zeichenketten mit doppelten Anführungszeichen.

Der Backslash wird nicht nur für Sonderzeichen verwendet, sondern dient auch als Maskierungszeichen. Beispiele:

```
"HTTP steht für \"Hyper Text Transfer Protocol\""
'HTTP steht für "Hyper Text Transfer Protocol"'
```

In der ersten Zeichenkette müssen doppelte Anführungszeichen innerhalb der Zeichenkette mit einem Backslash maskiert werden, da sie sonst als Zeichenkettenende interpretiert würden. Bei der zweiten Zeichenkette ist das nicht nötig, da sie in einfache Anführungszeichen eingefasst ist.

```
"Mit \\n wird ein Zeilenumbruch erzeugt."
'Mit \n wird ein Zeilenumbruch erzeugt.'
```

Auch der Backslash muss in der ersten Zeichenkette maskiert werden, um seine Funktion als Maskierungszeichen aufzuheben. Im zweiten Beispiel ist dies nicht notwendig, da die Zeichenkette in einfache Anführungszeichen eingefasst ist.

5.2.1. skript3.php

```php
<?php
print <<<ENDE
  <html>
  <head>
  <title>Zeichenketten</title>
  </head>
  <body>
ENDE;

  $bezeichnung = 'Hyper Text Transfer Protocol';

  print "HTTP steht für \"$bezeichnung\".<br>";
  print 'HTTP steht für "$bezeichnung".<br>';
  printf('HTTP steht für "%s".<br>', $bezeichnung);

  $zahl = 123.45678;
  printf('%s mit 2 Nachkommastellen: %.2f', $zahl, $zahl);

print <<<ENDE
  </body>
  </html>
ENDE;
?>
```

Nachdem Sie das Skript unter dem Namen skript3.php in Ihrem Webverzeichnis gespeichert haben, führen Sie es bitte mit Ihrem Webbrowser aus. Sie erhalten folgende Ausgabe:

```
HTTP steht für "Hyper Text Transfer Protocol".
HTTP steht für "$bezeichnung".
HTTP steht für "Hyper Text Transfer Protocol".
123.45678 mit 2 Nachkommastellen: 123.46
```

Gehen wir das Skript mal gemeinsam durch:

```
print <<<ENDE
  <html>
  <head>
  <title>Zeichenketten</title>
  </head>
  <body>
ENDE;
```

Hier wird eine alternative Form von Zeichenketten vorgestellt; in diesem Beispiel befindet sich die eigentliche Zeichenkette zwischen <<<ENDE und ENDE. Sie funktioniert genauso wie Zeichenketten mit doppelten Anführungszeichen, nur dass bei dieser Form „richtige" Zeilenumbrüche (also nicht mit dem Sonderzeichen \n) innerhalb der Zeichenkette erlaubt sind. Das Ganze ist vergleichbar mit den HTML-Tags <PRE> und </PRE>. Statt ENDE können Sie auch einen anderen Bezeichner wählen, der den Regeln der Namensgebung entspricht (was das ist, wird in Kapitel 6 erklärt). Wichtig ist jedoch, dass die Zeile mit dem schließenden Bezeichner mit Ausnahme des Semikolons keine anderen Zeichen enthält, also auch keine einleitenden Leerzeichen oder Tabulatoren (Einrückung).

PHP kennt übrigens noch eine Zeichenketten-Sonderform, die sogenannten *Backticks*:

```
print `ls -l`;
```

Diese Anweisung ruft auf Systemebene den Unix-Befehl ls mit der Option -l auf und gibt das Ergebnis, also das Verzeichnislisting, aus. (Auf Windows Systemen müssen Sie dir statt ls -l benutzen.)

```
$bezeichnung = 'Hyper Text Transfer Protocol';

print "HTTP steht für \"$bezeichnung\".<br>";
print 'HTTP steht für "$bezeichnung".<br>';
printf('HTTP steht für "%s".<br>', $bezeichnung);
```

Schauen Sie sich noch einmal die Ausgabe des Skripts an:

```
HTTP steht für "Hyper Text Transfer Protocol".
HTTP steht für "$bezeichnung".
HTTP steht für "Hyper Text Transfer Protocol".
```

Hier sehen Sie einen weiteren Unterschied zwischen einfachen und doppelten Anführungszeichen: Enthält eine Zeichenkette eine Variable (wie hier im Beispiel die Variable $bezeichnung), so ersetzt der Interpreter sie nur durch ihren Inhalt, wenn die Zeichenkette in doppelte Anführungszeichen eingefasst wurde. Benutzt man stattdessen einfache Anführungszeichen wie in der zweiten `print`-Anweisung, wird die Variable nicht interpretiert.

Die `printf`-Anweisung haben Sie bereits kurz beim ersten Perl-Skript kennen gelernt. Syntax und Funktionsweise sind gleich, lediglich die runden Klammern können bei Perl weggelassen werden. `printf` erwartet eine Zeichenkette mit einer oder mehreren Formatierungsangaben, sowie eine oder mehrere Variablen bzw. Literale. Wird die Anweisung ausgeführt, ersetzt sie alle Formatierungsangaben mit den entsprechenden Variablen bzw. Literalen im jeweiligen Format. Python kann das ebenfalls. Unter anderem werden folgende Formatierungsangaben von allen drei Skriptsprachen interpretiert:

`%c`   Gibt das ASCII-Zeichen eines numerischen Wertes aus.

`%d`   Gibt den Ganzzahlanteil eines numerischen Wertes aus. Zusätzlich kann zwischen dem % und dem d noch die gewünschte Anzeigebreite angegeben werden, zum Beispiel `%5d`.

`%f`   Gibt einen numerischen Wert als Fließkommazahl aus. Zusätzlich kann die Anzahl der Vor- und Nachkommastellen zwischen % und f angegeben werden, zum Beispiel `%5.2f`. Dabei wird in der Regel automatisch auf oder abgerundet.

`%o`   Gibt einen numerischen Wert als Oktalzahl aus.

`%s`   Gibt einen Wert als Zeichenkette aus.

`%x`   Gibt einen numerischen Wert als Hexadezimalzahl mit Kleinbuchstaben aus.

`%X`   Wie `%x`, jedoch mit Großbuchstaben.

```
$zahl = 123.45678;
printf('%s mit 2 Nachkommastellen: %.2f', $zahl, $zahl);
```

Diese beiden Zeilen verdeutlichen noch einmal die Wirkungsweise von `printf`. Zunächst wird der Variablen `$zahl` der Wert `123.45678` zugewiesen. Anschließend gibt die `printf`-Anweisung diesen Wert einmal als Zeichenkette und einmal als Fließkommazahl mit zwei Nachkommastellen aus:

```
123.45678 mit 2 Nachkommastellen: 123.46
```

Dabei fällt auf, dass die Fließkommazahl automatisch gerundet wurde.

```
print <<<ENDE
  </body>
  </html>
ENDE;
```

Zum Schluss werden noch die beiden abschließenden HTML-Tags ausgegeben. Dies geschieht hier auf die gleiche Art und Weise wie bereits am Anfang des Skripts.

5.3. Zusammenfassung

- Zahlen und Zeichenketten werden als Literale bezeichnet.

- Zahlen werden in Ganzzahlen und Fließkommazahlen unterteilt. Fließkommazahlen werden immer mit einem Dezimalpunkt (nicht mit einem Komma) notiert.

- Zeichenketten können in einfache oder doppelte Anführungszeichen eingefasst werden; Sonderzeichen und Variablen werden jedoch nur in doppelten Anführungszeichen interpretiert.

- PHP kennt zusätzlich alternative Schreibweisen für Zeichenketten.

- Mit der `printf`-Anweisung können Literale und Variablen formatiert ausgegeben werden.

6. Variablen

Ohne sie geht nichts – die sogenannten *Variablen*, die als Platzhalter zum Beispiel für Literale und Objekte fungieren. Im Grunde sind Variablen nichts anderes als benutzerdefinierte Namen für Speicheradressen, an denen bestimmte Werte abgelegt werden, die sich während der Ausführung des Skripts ändern können. Dazu ist es in der Regel erforderlich, der Variablen nicht nur einen Namen, sondern auch einen *Datentyp* zuzuweisen, damit der Interpreter weiß, wie viel Speicherplatz er für die Variable bereitstellen muss. In PHP muss dies aber im Gegensatz zu vielen anderen Programmiersprachen nicht explizit gemacht werden. In dem Moment, in dem der Variablen ein bestimmter Wert zugewiesen wird, erkennt der Interpreter auch dessen Datentyp automatisch.

6.1. Namensgebung

Bei der Namensgebung von Variablen sind einige Regeln zu beachten, die übrigens auch für die Namen von Funktionen (Kapitel 9) und Klassen (Kapitel 10) gelten:

- Sie dürfen nur die Buchstaben a – z / A – Z, die Ziffern 0 – 9 und Unterstriche _ enthalten. Leerzeichen, Umlaute, Sonderzeichen usw. sind nicht erlaubt. Ausnahme: PHP erlaubt zusätzlich die ASCII-Zeichen von 127 bis 255, darin sind unter anderem auch die deutschen Umlaute enthalten.

- Sie müssen mit einem Buchstaben oder einem Unterstrich beginnen.

- Es wird zwischen Groß- und Kleinschreibung unterschieden; mit anderen Worten, „Variable" und „variable" bezeichnen zwei verschiedene Variablen.

6.2. Datentypen

Grundsätzlich unterscheidet man zwischen *skalaren* und *zusammengesetzten* Datentypen. Während eine skalare Variable nur einen einzelnen Wert wie zum Beispiel eine Zahl oder eine Zeichenkette enthält, kann eine zusammengesetzte Variable mehrere Werte enthalten. Eine solche Variable wird auch als *Array* bezeichnet. Wie wir noch sehen werden, gibt es verschiedene Arten von Arrays.

6.2.1. Skalare Datentypen

Der einfachste Datentyp ist der *boolesche* Typ. Er kann nur die Werte „wahr" oder „falsch" enthalten, doch das genügt, um zum Beispiel die Ergebnisse von Vergleichsoperationen darzustellen. (Einfache Vergleichsoperationen haben wir bereits in Kapitel 4.3 bei den bedingten Anweisungen kennengelernt; mehr dazu in Kapitel 7.) In PHP heißen diese Werte `true` und `false`.

Prädestiniert für den booleschen Datentyp ist die Variable `beimUmzugHelfen` aus unserem Skript in Kapitel 4.3. Statt „ja" und „nein" hätten wir auch `true` und `false` zuweisen können. Schauen Sie sich dazu bitte das folgende Beispiel an:

```
if($alter < 60) $beimUmzugHelfen = true;    # ja
else $beimUmzugHelfen = false;              # nein
```

```
if($beimUmzugHelfen) print "Danke!";
else print "Vielleicht beim nächsten Mal.";
```

Einen Vorteil des booleschen Datentyps haben Sie vielleicht bereits entdeckt: Bei der Prüfung der Variablen beimUmzugHelfen in der zweiten if-Anweisung reicht jetzt das bloße Angeben des Variablennamens aus. (Sie erinnern sich, Programmierer sind schreibfaul.) Das funktioniert allerdings auch mit anderen Datentypen. Wenn nämlich eine nicht-boolesche Variable einen Wert ungleich Null bzw. keine leere Zeichenkette enthält, ist das Ergebnis per Definition immer „wahr" – andernfalls ist es „falsch". In Kapitel 7 werden wir uns ausgiebig mit dieser Regelung beschäftigen.

Ganzzahlen und Fließkommazahlen sind ebenfalls skalare Datentypen, auf die wir bereits in Kapitel 5.1 eingegangen sind.

Auch Zeichenketten gehören zu den skalaren Datentypen; in Kapitel 5.2 haben wir uns eingehend damit befasst.

PHP-Variablen werden mit einem vorangestellten Dollarzeichen als solche gekennzeichnet:

```
$alter = 25;
$beimUmzugHelfen = "ja";
$bezeichnung = 'Hyper Text Transfer Protocol';
$zahl = 123.45678;
```

Die Wertzuweisung erfolgt bei allen Variablen immer durch das Gleichheitszeichen, das daher auch als *Zuweisungsoperator* bezeichnet wird; mehr dazu in Kapitel 7.

6.2.2. Zusammengesetzte Datentypen (Arrays)

Ein Array ist eine Variable, die aus mehreren Werten besteht. Wozu braucht man so was? Stellen Sie sich vor, Sie wollten die Adressen Ihrer Freunde in Variablen speichern. Ohne Array müssten Sie sich dann für jede Adresse eine neue Variable ausdenken, zum Beispiel adresse1, adresse2, adresse3 usw. Stellen Sie sich nun vor, Sie wollten auch noch Name, Straße, Postleitzahl und Ort getrennt speichern: name1, strasse1, plz1, ort1, name2, strasse2, plz2, ort2 usw. Für solche Zwecke gibt es Arrays. Dabei wird zwischen *sequentiellen* und *assoziativen* Arrays unterschieden. Was das genau ist und wie man solche Arrays in den einzelnen Skriptsprachen deklariert, wollen wir uns im Folgenden anhand eines Skripts anschauen.

6.2.2.1. skript4.php

```
<html>
<head>
<title>Arrays</title>
</head>
<body>
<?php
  # Zeichenkette:

  $text = 'Peter spielt Tennis';
  $woerter = count($text);
  print "$text: $woerter Wörter<br>";
```

```
$woerter = 3;
print "$text: $woerter Wörter<br>";

$text .= ' gern';
print "$text: $woerter Wörter<br>";

$woerter++;
print "$text: $woerter Wörter<br><br>";

# sequentielles Array:

$text = array('Peter', 'spielt', 'Tennis');
print "$text[0] $text[1] $text[2]: " .
      count($text) . ' Wörter<br>';

$text[] = 'gern';
print "$text[0] $text[1] $text[2] $text[3]: " .
      count($text) . ' Wörter<br>';

$text[2] = 'Fußball';
print "$text[0] $text[1] $text[3] $text[2]: " .
      count($text) . ' Wörter<br><br>';

# assoziatives Array:

$text = array('Nomen' => 'Peter', 'Verb' => 'spielt',
              'Objekt' => 'Tennis');
print $text['Nomen'] . ' ' . $text['Verb'] . ' ' .
      $text['Objekt'] . ': ' . count($text) . ' Wörter<br>';

$text['Adverb'] = 'gern';
print $text['Nomen'] . ' ' . $text['Verb'] . ' ' .
      $text['Objekt'] . ' ' . $text['Adverb'] . ': ' .
      count($text) . ' Wörter<br>';

$text['Objekt'] = 'Fußball';
print $text['Nomen'] . ' ' . $text['Verb'] . ' ' .
      $text['Adverb'] . ' ' . $text['Objekt'] . ': ' .
      count($text) . ' Wörter';
?>
</body>
</html>
```

Wenn Sie das Skript mit Ihrem Webbrowser aufrufen, sollten Sie folgende Ausgabe erhalten:

```
Peter spielt Tennis: 1 Wörter
Peter spielt Tennis: 3 Wörter
Peter spielt Tennis gern: 3 Wörter
Peter spielt Tennis gern: 4 Wörter

Peter spielt Tennis: 3 Wörter
```

```
Peter spielt Tennis gern: 4 Wörter
Peter spielt gern Fußball: 4 Wörter

Peter spielt Tennis: 3 Wörter
Peter spielt Tennis gern: 4 Wörter
Peter spielt gern Fußball: 4 Wörter
```

Auf den ersten Blick etwas verwirrend, aber keine Sorge, wir werden alle Unklarheiten beseitigen.

```
$text = 'Peter spielt Tennis';
$woerter = count($text);
print "$text: $woerter Wörter<br>";
```

Zunächst wird der Variablen $text die Zeichenkette „Peter spielt Tennis" zugewiesen. Die PHP-Funktion count wird normalerweise mit einem Array aufgerufen und gibt die Anzahl der Elemente dieses Arrays zurück. Falls es sich bei der Variablen wie in diesem Beispiel nicht um ein Array handelt, wird immer 1 zurückgegeben. Das können wir an der Ausgabe erkennen, die mit der print-Anweisung erfolgt:

```
Peter spielt Tennis: 1 Wörter
```

Stimmt natürlich nicht, denn der Satz hat ja drei Wörter.

```
$woerter = 3;
print "$text: $woerter Wörter<br>";
```

Also weisen wir der Variablen $woerter eben selber den Wert 3 zu und versuchen unser Glück erneut:

```
Peter spielt Tennis: 3 Wörter
```

Alles klar, jetzt stimmt's. Aber was passiert, wenn wir der Zeichenkette noch ein Wort hinzufügen?

```
$text .= ' gern';
print "$text: $woerter Wörter<br>";
```

Wie wir bereits wissen, kann man in PHP mit dem Punkt zwei Zeichenketten verbinden. Die Anweisung:

```
$text .= ' gern';
```

ist dabei nur eine Abkürzung (Stichwort schreibfaule Programmierer) für:

```
$text = $text . ' gern';
```

Dazu mehr in Kapitel 7. Doch was zeigt nun die Ausgabe?

```
Peter spielt Tennis gern: 3 Wörter
```

Als hätten wir's gewusst. Ist natürlich wieder falsch, denn die Variable $woerter haben wir ja nicht verändert. Das holen wir jetzt nach:

```
$woerter++;
print "$text: $woerter Wörter<br><br>";
```

Weil wir bekanntlich schreibfaul sind, machen wir aus:

```
$woerter = $woerter + 1;
```

kurzerhand:

```
$woerter++;
```

Auch dieses Konstrukt wird in Kapitel 7 ausführlich erläutert. Die print-Anweisung erzeugt nun die richtige Ausgabe:

```
Peter spielt Tennis gern: 4 Wörter
```

Wozu nun das ganze Gehabe mit der Zeichenkette? Das wird deutlich, wenn wir uns im Vergleich dazu die folgenden Zeilen anschauen:

```
$text = array('Peter', 'spielt', 'Tennis');
print "$text[0] $text[1] $text[2]: " .
      count($text) . ' Wörter<br>';
```

In PHP werden Arrays mit der Funktion array erzeugt. In den runden Klammern können dabei die einzelnen Arrayelemente durch Kommas voneinander getrennt übergeben werden. Hier weisen wir also der Variablen $text ein Array mit drei Elementen zu. Übrigens müssen Arrayelemente nicht zwangsläufig Zeichenketten sein; jeder skalare Datentyp und sogar Arrays selbst können übergeben werden. (Natürlich können Sie auch ein leeres Array erzeugen, indem Sie die Elemente innerhalb der runden Klammern einfach weglassen.)

Auf die einzelnen Arrayelemente kann anschließend anhand einer *Indexnummer* in eckigen Klammern, beginnend mit 0, zugegriffen werden, also $text[0] für das erste Element, $text[1] für das zweite, usw. An der print-Anweisung sehen Sie, dass auch diese indizierten Variablen innerhalb von Zeichenketten mit doppelten Anführungszeichen vom PHP-Interpreter durch ihren Inhalt ersetzt werden. Dies gilt jedoch nicht für Funktionen, weshalb count außerhalb der Zeichenkette stehen muss. Außerdem können Sie hier sehen, dass PHP-Anweisungen sich auch über mehrere Zeilen erstrecken können, da nicht der Zeilenumbruch, sondern das Semikolon die Anweisung abschließt.

Nun sind wir aber auf die Ausgabe gespannt:

```
Peter spielt Tennis: 3 Wörter
```

Na also, stimmt auf Anhieb. Weil $text jetzt ein Array ist, zeigt count die Anzahl der Elemente an. Und was passiert, wenn wir ein Wort hinzufügen?

```
$text[] = 'gern';
print "$text[0] $text[1] $text[2] $text[3]: " .
      count($text) . ' Wörter<br>';
```

In PHP können Arrayelemente ganz einfach dem Arraynamen mit leeren eckigen Klammern dahinter zugewiesen werden. Dabei werden neue Elemente immer am Ende des Arrays angefügt, was die folgende Ausgabe beweist:

Peter spielt Tennis gern: 4 Wörter

Und die Anzahl der Wörter stimmt obendrein auch noch. Wer sagt's denn.

```
$text[2] = 'Fußball';
print "$text[0] $text[1] $text[3] $text[2]: " .
      count($text) . ' Wörter<br><br>';
```

Mit den indizierten Variablen können den einzelnen Arrayelementen auch neue Werte zugewiesen werden. Und da wir damit auf jedes Arrayelement zugreifen können, ist es natürlich auch kein Problem, die Reihenfolge der Ausgabe zu verändern:

Peter spielt gern Fußball: 4 Wörter

Weil es gerade so schön ist, machen wir gleich mit dem assoziativen Array weiter:

```
$text = array('Nomen' => 'Peter', 'Verb' => 'spielt',
              'Objekt' => 'Tennis');
print $text['Nomen'] . ' ' . $text['Verb'] . ' ' .
      $text['Objekt'] . ': ' . count($text) . ' Wörter<br>';
```

Auch assoziative Arrays werden in PHP mit **array** erzeugt. Sie unterscheiden sich von den sequentiellen Arrays allerdings dadurch, dass es für jedes Arrayelement anstatt der Indexnummer einen sogenannten *Schlüssel* gibt, über den später auf die Elemente zugegriffen werden kann. Dieser Schlüssel ist frei wählbar und kann eine Zahl oder eine Zeichenkette sein; er darf nur nicht doppelt innerhalb eines Arrays vorkommen. Die Zuweisung zum jeweiligen Wert erfolgt dabei in der Form **Schlüssel => Wert**.

Peter spielt Tennis: 3 Wörter

Wie erwartet entspricht die Ausgabe dem Beispiel mit dem sequentiellen Array. Nun fügen wir auch dem assoziativen Array ein Wort an:

```
$text['Adverb'] = 'gern';
print $text['Nomen'] . ' ' . $text['Verb'] . ' ' .
      $text['Objekt'] . ' ' . $text['Adverb'] . ': ' .
      count($text) . ' Wörter<br>';
```

Das funktioniert genauso wie bei den sequentiellen Arrays, nur dass wir hier zusätzlich einen neuen Schlüssel innerhalb der eckigen Klammern angeben müssen. Die neue **print**-Anweisung erzeugt:

Peter spielt Tennis gern: 4 Wörter

Auch hier das Gleiche wie beim sequentiellen Array. Warum haben wir uns dann die zusätzliche Arbeit mit den Schlüsseln gemacht? Das wird anhand der folgenden Zeilen deutlich:

```
$text['Objekt'] = 'Fußball';
print $text['Nomen'] . ' ' . $text['Verb'] . ' ' .
      $text['Adverb'] . ' ' . $text['Objekt'] . ': ' .
      count($text) . ' Wörter';
```

Peter spielt gern Fußball: 4 Wörter

Es ist sehr viel einfacher, auf die einzelnen Arrayelemente zuzugreifen, wenn statt nichtssagender Indexnummern aussagekräftige Schlüssel zur Verfügung stehen; so können wir hier bequem Werte ändern und die Wortreihenfolge umstellen, ohne uns irgendwelche abstrakten Indexnummern merken zu müssen. Wollten wir zum Beispiel den Satz „Fußball spielt Peter gern" ausgeben, könnten wir beim assoziativen Array schreiben:

```
print $text['Objekt'] . ' ' . $text['Verb'] . ' ' .
      $text['Nomen'] . ' ' . $text['Adverb'];
```

Beim sequentiellen Array hingegen würde die print-Anweisung so aussehen:

```
print "$text[2] $text[1] $text[0] $text[3]";
```

Wissen Sie noch, was $text[1] war? $text['Verb'] kann da schon eher zugeordnet werden.

Übrigens, in diesem Beispiel haben wir sowohl für die Zeichenkette als auch für die beiden Arrays immer die gleiche Variable benutzt, nämlich $text. Das geht problemlos, auch wenn Zeichenketten und Arrays unterschiedliche Datentypen sind. Der PHP-Interpreter passt den Datentyp einer Variablen bei erneuter Wertzuweisung automatisch an.

6.2.2.2. skript5.php

Wir haben bereits gesehen, wie Arrays angelegt und Elemente hinzugefügt und bearbeitet werden. Nun werfen wir noch einen Blick auf mehrdimensionale Arrays (auch Matrix genannt) und schauen uns an, wie Arrayelemente wieder gelöscht werden können.

```
<html>
<head>
<title>Mehrdimensionale Arrays</title>
</head>
<body>
<?php
  $daten = array(array('Name'   => 'Ludwig',
                       'Alter'  => 36,
                       'Ort'    => 'Bonn',
                       'Hobbys' => array('Musik', 'Lesen')),
                 array('Name'   => 'Monika',
```

```
                         'Alter'   => 25,
                         'Ort'     => 'Mainz',
                         'Hobbys' => array('Lesen', 'Basteln'))));

    print_r($daten);
    print '<br>1. Datensatz: ' . $daten[0]['Name'] . '<br><br>';

    print $daten[0]['Name'] . ' wohnt in ' .
        $daten[0]['Ort'] . '<br>';

    print "{$daten[1]['Name']} ist {$daten[1]['Alter']}<br>";

    printf('%s mag %s und %s<br><br>', $daten[1]['Name'],
        $daten[1]['Hobbys'][0], $daten[1]['Hobbys'][1]);

    print 'Lösche 1. Datensatz...<br>';
    array_shift($daten);
    print_r($daten);
    print '<br>1. Datensatz: ' . $daten[0]['Name'];
?>
</body>
</html>
```

Wenn Sie das Skript mit Ihrem Webbrowser aufrufen, sollten Sie die folgende Ausgabe erhalten:

```
Array ( [0] => Array ( [Name] => Ludwig [Alter] => 36 [Ort] => Bonn [Hobbys] => Array ( [0] => Musik [1] => Lesen )
) [1] => Array ( [Name] => Monika [Alter] => 25 [Ort] => Mainz [Hobbys] => Array ( [0] => Lesen [1] => Basteln ) ) )
1. Datensatz: Ludwig

Ludwig wohnt in Bonn
Monika ist 25
Monika mag Lesen und Basteln

Lösche 1. Datensatz...
Array ( [0] => Array ( [Name] => Monika [Alter] => 25 [Ort] => Mainz [Hobbys] => Array ( [0] => Lesen [1] =>
Basteln ) ) )
1. Datensatz: Monika
```

Keine Angst, es ist nicht so kompliziert, wie es aussieht!

```
$daten = array(array('Name'    => 'Ludwig',
                     'Alter'   => 36,
                     'Ort'     => 'Bonn',
                     'Hobbys' => array('Musik', 'Lesen')),
               array('Name'    => 'Monika',
                     'Alter'   => 25,
                     'Ort'     => 'Mainz',
                     'Hobbys' => array('Lesen', 'Basteln')));
```

Hier sehen Sie ein Beispiel, wie man ein mehrdimensionales Array anlegen kann. Die Variable $daten ist ein Array und enthält als Elemente ebenfalls zwei Arrays. In diesem Fall sind sie assoziativ angelegt und enthalten einige Personendaten sowie ihrerseits wiederum ein Array mit den Hobbys der entsprechenden Person. Es handelt sich bei diesem Konstrukt also um ein drei-dimensionales Array. Mehrdimensionale Arrays sind übrigens keineswegs auf drei Dimensionen beschränkt, aber man sollte es auch nicht unbedingt auf die Spitze treiben; in den meisten Fällen werden zwei- oder dreidimensionale Arrays reichen.

```
print_r($daten);
```

Die **print_r**-Funktion ist neu; sie gibt den kompletten Inhalt eines Arrays aus, was in unserem Fall praktisch ist, weil wir noch keine Schleifen kennen:

```
Array ( [0] => Array ( [Name] => Ludwig [Alter] => 36 [Ort] => Bonn [Hobbys] => Array ( [0] => Musik [1] => Lesen )
) [1] => Array ( [Name] => Monika [Alter] => 25 [Ort] => Mainz [Hobbys] => Array ( [0] => Lesen [1] => Basteln ) ) )
```

Wie man sieht, erscheinen hier die Schlüssel immer in eckigen Klammern – auch die Indexnum-mern der sequentiellen Arrays, die ja im Grunde auch Schlüssel sind. Die Darstellung ist im Sei-tenquelltext übrigens übersichtlicher, dort sind nämlich im Gegensatz zur Ausgabe im Browser-fenster die Zeilenumbrüche sichtbar:

```
Array
(
    [0] => Array
        (
            [Name] => Ludwig
            [Alter] => 36
            [Ort] => Bonn
            [Hobbys] => Array
                (
                    [0] => Musik
                    [1] => Lesen
                )

        )
    [1] => Array
        (
            [Name] => Monika
            [Alter] => 25
            [Ort] => Mainz
            [Hobbys] => Array
                (
                    [0] => Lesen
                    [1] => Basteln
                )

        )

)
```

Hier können wir nun bequem überprüfen, ob unser mehrdimensionales Array auch so aussieht, wie es von uns angelegt worden ist.

```
print '<br>1. Datensatz: ' . $daten[0]['Name'] . '<br><br>';
```

Mit dieser Anweisung können wir feststellen, welchen Wert das erste Arrayelement (**$daten[0]**) hat. Da es sich dabei ebenfalls um ein Array handelt, hängen wir den Schlüssel der zweiten

Dimension einfach hinten dran, um an den ersten skalaren Wert zu gelangen: `$daten[0]['Name']`.

```
1. Datensatz: Ludwig
```

Natürlich hätten wir statt des Namens auch zum Beispiel das Alter oder den Ort ausgeben können. Das holen wir mit den folgenden Anweisungen nach:

```
print $daten[0]['Name'] . ' wohnt in ' .
    $daten[0]['Ort'] . '<br>';

print "{$daten[1]['Name']} ist {$daten[1]['Alter']}<br>";

printf('%s mag %s und %s<br><br>', $daten[1]['Name'],
    $daten[1]['Hobbys'][0], $daten[1]['Hobbys'][1]);
```

Die erste `print`-Anweisung sollte kein Problem sein, sie gibt den Namen und den Wohnort der ersten Person (Index 0) aus:

```
Ludwig wohnt in Bonn
```

Die zweite `print`-Anweisung ist neu. Sie zeigt eine alternative Schreibweise und beinhaltet die Variablen mit Name und Alter der zweiten Person (Index 1) innerhalb der Zeichenkette, allerdings jeweils eingefasst in geschweifte Klammern. Das sollte man in PHP bei assoziativen bzw. mehrdimensionalen Arrays immer so machen, da der Interpreter die Variablen sonst nicht richtig umwandeln kann. Achten Sie auch auf die doppelten Anführungszeichen der Zeichenkette.

```
Monika ist 25
```

Die dritte Anweisung schließlich zeigt eine weitere Alternative, nämlich die Benutzung der `printf`-Funktion, die wir bereits in Kapitel 5.2 besprochen haben. Interessant ist hier jedoch der Zugriff auf die dritte Dimension, nämlich das Array mit den Hobbys; auch dieser Index wird einfach an die Variable drangehängt.

```
Monika mag Lesen und Basteln
```

Zusammenfassend können wir also sagen, dass mit jeder Dimension, auf die wir zugreifen wollen, ein Index bzw. Schlüssel ans Ende der Variablen angehängt wird, natürlich immer in eckigen Klammern. Nun wollen wir uns mal anschauen, was passiert, wenn wir ein Arrayelement löschen:

```
print 'Lösche 1. Datensatz...<br>';
array_shift($daten);
print_r($daten);
print '<br>1. Datensatz: ' . $daten[0]['Name'];
```

Mit `array_shift` kann man (ab PHP 4) das erste Arrayelement löschen. Dieser Funktion wird lediglich der Arrayname übergeben. Das Gegenstück dazu heißt `array_pop` und löscht das letzte Arrayelement. Mit den letzten beiden Anweisungen kontrollieren wir noch, ob unsere Aktion erfolgreich war:

Lösche 1. Datensatz...
Array ([0] => Array ([Name] => Monika [Alter] => 25 [Ort] => Mainz [Hobbys] => Array ([0] => Lesen [1] =>
Basteln)))
1. Datensatz: Monika

Na also, Ludwig wurde gelöscht und Monika ist an seine Stelle getreten, hat also jetzt die Index-nummer 0. Wenn nur alles immer so einfach wäre.

Übrigens kennt PHP (ab Version 4) noch eine weitere Funktion zum Löschen von Arrayelemen-ten: mit `array_splice` lassen sich beliebig viele Elemente an beliebiger Stelle löschen. Dieser Funktion werden das Array, die Startposition und die Anzahl der zu löschenden Elemente über-geben. Wenn die Startposition negativ ist, wird vom Ende des Arrays gezählt. Diese beiden Beispiele entsprechen den Funktionen `array_shift` und `array_pop`:

```
array_splice($daten, 0, 1);    # löscht erstes Element
array_splice($daten, -1, 1);   # löscht letztes Element
```

Hinweis: PHP besitzt die Funktion `unset`, um Variablen zu löschen. Damit lassen sich auch Arrayelemente löschen, allerdings rücken die nachfolgenden Elemente sequentieller Arrays dann nicht automatisch auf.

6.3. Vordefinierte Variablen

Während der Laufzeit haben Ihre Skripte Zugriff auf verschiedene *Umgebungsvariablen*, deren Inhalte durch den Interpreter und das CGI bereitgestellt werden. Welche Variablen das im Einzel-nen sind, ist abhängig von Ihrem Webserver. Einige davon sind aber gerade für Webprogrammie-rer sehr nützlich, deshalb lassen wir sie uns nun mithilfe eines kleinen Skripts anzeigen.

6.3.1. skript6.php

```
<html>
<head>
<title>Umgebungsvariablen</title>
</head>
<body>
<table border="0">
<?php
  foreach($_SERVER as $schluessel => $wert) {
    print "<tr><td>$schluessel:</td>";
    print "<td>$wert</td></tr>\n";
  }
?>
</table>
</body>
</html>
```

Die Ausgabe ist recht umfangreich und sollte in etwa wie diese Ausschnitte aussehen:

HTTP_ACCEPT_LANGUAGE:	de
HTTP_ACCEPT_ENCODING:	gzip, deflate
HTTP_USER_AGENT:	Mozilla/4.0 (compatible; MSIE 6.0; Windows NT 5.1; FDM)
HTTP_HOST:	localhost

SERVER_NAME:	localhost
SERVER_ADDR:	127.0.0.1
SERVER_PORT:	80
REMOTE_ADDR:	127.0.0.1

DOCUMENT_ROOT:	C:/apache2/htdocs
SCRIPT_NAME:	/skripte/skript6.php
SCRIPT_FILENAME:	C:/apache2/htdocs/skripte/skript6.php

In der linken Spalte sehen Sie die Variablennamen, rechts die Inhalte.

```
foreach($_SERVER as $schluessel => $wert) {
    print "<tr><td>$schluessel:</td>";
    print "<td>$wert</td></tr>\n";
}
```

PHP (ab Version 4.1) stellt viele der für uns Webprogrammierer interessanten Umgebungsvariablen in dem vordefinierten assoziativen Array $_SERVER bereit. Die Schlüssel sind dabei die entsprechenden Variablennamen. Um zum Beispiel auf die Variable HTTP_HOST zuzugreifen, benutzen Sie $_SERVER['HTTP_HOST'].

In diesem Beispiel tun wir das allerdings nicht, sondern wir lernen stattdessen unsere erste Schleife kennen. Es handelt sich hierbei um eine foreach-Schleife, mit der man bequem alle Arrayelemente ansprechen kann. In Kapitel 8 werden wir uns ausführlich mit Schleifen beschäftigen. An dieser Stelle sei nur gesagt, dass foreach in dieser Form für jedes Arrayelement den Schlüssel in die Variable $schluessel und den Wert in die Variable $wert übernimmt. Beide Variablen geben wir dann im Anweisungsblock der Schleife aus. Dieser Vorgang wird solange wiederholt, bis das Ende des Arrays erreicht ist.

Ältere PHP-Versionen (Versionen < 4) kennen noch keine foreach-Schleife; der gleiche Effekt lässt sich aber mit folgendem Code erzeugen, wobei wir hier konsequenterweise statt $_SERVER die Variable $HTTP_SERVER_VARS verwenden, da $_SERVER ebenfalls erst ab der PHP-Version 4.1 bereitsteht:

```
reset($HTTP_SERVER_VARS);
while(list($schluessel, $wert) = each($HTTP_SERVER_VARS)) {
    print "<tr><td>$schluessel:</td>";
    print "<td>$wert</td></tr>\n";
}
```

Mit der Funktion list kann man mehreren Variablen auf einmal Werte zuweisen, während die Arrayfunktion each immer das nächste Elementpaar (also Schlüssel und Wert) eines assoziativen Arrays liefert. Und was macht die Funktion reset? Sie setzt sozusagen den internen Arrayzeiger auf das erste Elementpaar, um sicherzustellen, dass each auch tatsächlich dort beginnt. Bei der foreach-Schleife ist das nicht nötig, deshalb wurde diese Variante zuerst vorgestellt.

Nicht alle der ausgegebenen Umgebungsvariablen sind für uns von Interesse; kennen sollten Sie aber insbesondere die folgenden:

HTTP_USER_AGENT	Enthält Informationen über den Webbrowser des Clients aus dem HTTP-Header User_Agent.
HTTP_HOST	Der Hostname des Servers aus dem HTTP-Header Host.
SERVER_ADDR	Die IP-Adresse des Servers.
REMOTE_ADDR	Die IP-Adresse des Clients.
DOCUMENT_ROOT	Das Webverzeichnis des Servers.
SCRIPT_FILENAME	Der Dateipfad des aktuellen Skripts.
SCRIPT_NAME	Der Webpfad des aktuellen Skripts. Der Webpfad geht immer von DOCUMENT_ROOT aus.
PHP_SELF	Der Webpfad des aktuellen Skripts.

6.3.2. Spezielle Variablen

Neben dem Array $_SERVER gibt es in PHP noch weitere assoziative Arrays, mit denen zum Beispiel Cookies und Daten von HTML-Formularen ausgewertet werden können. Hier ist eine Auswahl (ab PHP 4.1):

$_COOKIE	Enthält Cookie-Variablen.
$_GET	Enthält HTTP-GET-Variablen.
$_POST	Enthält HTTP-POST-Variablen.
$_REQUEST	Enthält GET-, POST- und Cookie-Variablen.
$_FILES	Enthält Informationen über hochgeladene Dateien.
$_ENV	Enthält zusätzliche Umgebungsvariablen, die in der Regel Informationen über die Hardware und das Betriebssystem des Servers liefern.

Zusätzlich existieren noch viele weitere Variablen, die zum Teil jedoch veraltet bzw. in den hier vorgestellten Arrays enthalten sind und uns deshalb nicht weiter interessieren.

6.4. Zusammenfassung

Zugegeben, dieses Kapitel ist recht lang geworden, aber wir haben auch einiges gelernt:

- Variablen sind Platzhalter zum Beispiel für Literale, deren Name bestimmten Regeln unterliegt. Es gibt skalare und zusammengesetzte Variablen. Mit dem Gleichheitszeichen werden den Variablen Werte zugewiesen.

- Skalare Variablen enthalten in der Regel Literale oder Objekte (Kapitel 10).

- Die booleschen Werte „wahr" und „falsch", Zahlen und Zeichenketten sind skalare Datentypen.

- Variablen beginnen mit einem Dollarzeichen.

- Zusammengesetzte Variablen (Arrays) bestehen aus mehreren skalaren und/oder zusammengesetzten Werten (mehrdimensionale Arrays).

- Man unterscheidet zwischen sequentiellen Arrays (Listen) und assoziativen Arrays (Hashes bzw. Verzeichnisse).

- Sequentielle Arrays beginnen mit der Indexnummer **0**. Die Indexnummern werden vom Interpreter automatisch vergeben.

- Assoziative Arrays besitzen anstelle der Indexnummern einmalige Schlüssel, die Zahlen oder Zeichenketten sein können und vom Programmierer selbst vergeben werden müssen. Dadurch ist es aber später einfacher, die entsprechenden Elemente anzusprechen.

- Arrayelemente können jederzeit hinzugefügt und verändert werden.

- Arrayelemente können natürlich auch wieder gelöscht werden. Bei sequentiellen Arrays rücken die nachfolgenden Elemente automatisch auf – allerdings nur, wenn die hier vorgestellten Arrayfunktionen zum Löschen benutzt werden.

- Vordefinierte Umgebungsvariablen stehen als assoziative Arrays zur Verfügung. Sie enthalten Informationen zum Beispiel über den Webserver, das aktuelle Skript und den Webbrowser des Clients.

7. Ausdrücke und Operatoren

Unter einem *Ausdruck* versteht man kurz gesagt eine Angabe, die ein Ergebnis liefert. Das kann im simpelsten Fall ein Literal oder eine Variable sein, oder eine Funktion, die etwas zurückgibt. (Mit Funktionen beschäftigen wir uns noch in Kapitel 9.) Das Ergebnis kann dabei „wahr" oder „falsch" sein, aber auch das Resultat einer Berechnung. Literale, Variablen, Funktionen und Ausdrücke können mit *Operatoren* verknüpft werden, um auch komplexe Ausdrücke darstellen zu können.

7.1. Wahr und falsch

Ein einfaches Literal kann schon ein Ausdruck sein. Zum Beispiel liefern eine leere Zeichenkette und die Zahl 0 per Definition immer das Ergebnis „falsch", während eine Zeichenkette, die etwas beinhaltet (auch wenn es nur ein Leerzeichen ist), bzw. eine Zahl ungleich 0 (also auch negative Zahlen) immer das Ergebnis „wahr" liefern. Beispiele:

Literal	Ergebnis	Literal	Ergebnis	Literal	Ergebnis
""	*falsch*	0	*falsch*	0.0	*falsch*
"hallo"	*wahr*	1	*wahr*	0.1	*wahr*
" "	*wahr*	-1	*wahr*	-0.1	*wahr*
"0"	*falsch*	123	*wahr*	123.456	*wahr*

7.2. Zuweisungsoperatoren

Der einfache Zuweisungsoperator ist das Gleichheitszeichen =, und wir haben ihn schon oft angewendet. Mit ihm kann man einer Variablen einen Wert zuweisen:

```
$a = 15;
$b = 'Hallo';
```

Der Zuweisungsoperator kann auch mit *Berechnungsoperatoren* (Kapitel 7.5) und *Bit-Operatoren* (Kapitel 7.6) kombiniert werden, um Anweisungen abzukürzen:

```
$a += 6;          # Abkürzung für $a = $a + 6;
$a -= 3;          # Abkürzung für $a = $a - 3;
$a *= 2;          # Abkürzung für $a = $a * 2;
$a /= 5;          # Abkürzung für $a = $a / 5;
$a <<= 2;         # Abkürzung für $a = $a << 2;
$b .= ' Peter';   # Abkürzung für $b = $b . ' Peter';
```

PHP kennt zusätzlich noch eine weitere Abkürzungsvariante, wenn eine numerische Variable *inkrementiert* (hochgezählt) oder *dekrementiert* (herunter gezählt) werden soll, was zum Beispiel in Schleifen häufig der Fall ist:

```
$a++;             # Abkürzung für $a = $a + 1;
$a--;             # Abkürzung für $a = $a - 1;
```

7.3. Vergleichsoperatoren

Mit diesen Operatoren kann man zwei Werte miteinander vergleichen. Als Ergebnis liefern sie immer „wahr" oder „falsch":

Operator	Bedeutung	Beispiel	Ergebnis
==	gleich	6 == 3	falsch
!=	ungleich	6 != 3	wahr
<	kleiner	6 < 3	falsch
>	größer	6 > 3	wahr
<=	kleiner oder gleich	6 <= 3	falsch
>=	größer oder gleich	6 >= 3	wahr

Mit diesen Operatoren können nicht nur Zahlen, sondern auch Zeichenketten alphabetisch miteinander verglichen werden.

7.4. Logische Operatoren

Wenn Sie mehrere Ausdrücke miteinander kombinieren wollen, benötigen Sie logische Operatoren. Sie vergleichen die Ergebnisse der einzelnen Ausdrücke miteinander und liefern als Gesamtergebnis ebenfalls „wahr" oder „falsch":

Operator	Bedeutung	Beispiel	Ergebnis
and	und	0 and 1	falsch
&&	und	0 && 1	falsch
or	oder	0 or 1	wahr
||	oder	0 || 1	wahr
xor	exkl. oder	0 xor 1	wahr

Der *Und-Operator* liefert nur dann „wahr", wenn beide Ausdrücke wahr sind. Beim *Oder-Operator* genügt es hingegen schon, wenn einer der beiden Ausdrücke wahr ist. Eine Variation davon stellt das sogenannte *exklusive Oder* dar; es liefert nur dann „wahr", wenn einer der beiden Ausdrücke wahr ist, aber nicht beide.

Ein Sonderfall ist der *Nicht-Operator*:

Operator	Bedeutung	Beispiel	Ergebnis
!	nicht	!0	wahr

Er verbindet keine Ausdrücke miteinander, sondern liefert das gegenteilige Ergebnis eines Ausdrucks; aus „wahr" wird „falsch" und umgekehrt.

7.5. Berechnungsoperatoren

Diese Operatoren werden auch *arithmetische* bzw. *mathematische* Operatoren genannt, und sie werden genau dazu benutzt, wofür ihr Name steht, nämlich um Berechnungen durchzuführen. Neben den vier Grundrechenarten kennt PHP auch einen Modulo-Operator. Hier sind alle Berechnungsoperatoren im Überblick:

Operator	Ergebnis	Beispiel	Ergebnis
+	Summe	6 + 3	9
-	Differenz	6 - 3	3
*	Produkt	6 * 3	18
/	Quotient	6 / 3	2
%	Restwert	6 % 3	0

Neben diesen Grundrechenarten besitzt PHP natürlich auch mathematische Funktionen, mit denen komplexere Berechnungen durchgeführt werden können. Mehr dazu in Kapitel 9.

7.6. Bit-Operatoren

Diese Operatoren erlauben es, einzelne Bits zu setzen, zu löschen und zu verschieben. In der Webprogrammierung werden sie wohl eher selten Verwendung finden, trotzdem seien sie hier der Vollständigkeit halber aufgeführt:

Operator	Bedeutung	Beispiel	Ergebnis
&	und	0 & 1	0
|	oder	0 | 1	1
^	exkl. oder	0 ^ 1	1
<<	schiebe links	2 << 1	4
>>	schiebe rechts	2 >> 1	1
~	nicht	~0	-1

Das *bitweise Und* setzt im Ergebnis nur die Bits, die in beiden Werten vorhanden sind. Das *bitweise Oder* setzt hingegen alle Bits, die in einem der beiden Werte oder in beiden vorhanden sind. Seine Variation, das *bitweise exklusive Oder*, setzt nur die Bits, die in einem der beiden Werte vorhanden sind, aber nicht in beiden. Schiebt man die Bits des ersten Wertes um die Anzahl des zweiten nach links, erhält man jeweils eine Verdopplung für jede verschobene Stelle. Das Gegenteil, nämlich eine Halbierung für jede verschobene Stelle, erhält man beim Rechtsschieben. Das *bitweise Nicht* schließlich bildet das Komplement eines Wertes, das heißt alle Bits, die gesetzt sind, werden gelöscht und umgekehrt.

7.7. Reguläre Ausdrücke

Für den einen Programmierer sind sie ein Segen, für den anderen ein Fluch – die regulären Ausdrücke. Kurz gesagt bieten sie vielfältige Suchmöglichkeiten bei minimalem Schreibaufwand, und wir wissen ja mittlerweile, dass Programmierer gerne abkürzen. Doch was soll hier eigentlich gesucht werden? Schauen wir uns dazu ein Beispiel an.

7.7.1. skript7.php

```
<html>
<head>
<title>Reguläre Ausdrücke</title>
</head>
<body>
<?php
  $adressen = array('Hauptstraße 120',
                    'Marktstraße 45',
                    'Biergasse 3a',
```

```
                          'Brunnenweg 15',
                          'Am Marktplatz 26',
                          'Goetheallee',
                          'Mühlhauser Weg 123',
                          'Kuno-van-Oyten-Platz 33');

    foreach($adressen as $strasse) {
      if(preg_match('/weg\b/i', $strasse))
        print "<b>$strasse</b> ist ein Weg<br>\n";
      elseif(preg_match('/gasse\b/i', $strasse))
        print "<b>$strasse</b> ist eine Gasse<br>\n";
      elseif(preg_match('/platz\b/i', $strasse))
        print "<b>$strasse</b> ist ein Platz<br>\n";
      elseif(preg_match('/allee\b/i', $strasse))
        print "<b>$strasse</b> ist eine Allee<br>\n";

      if(preg_match('/^(\w)/', $strasse, $m))
        print "<b>$strasse</b> beginnt mit $m[1]<br>\n";

      if(preg_match('/\b(\d\w*)$/', $strasse, $m))
        print "Die Hausnummer ist m[1]<br>\n";

      print "<br>\n";
    }
?>
</body>
</html>
```

Hier kommt auch gleich die Ausgabe des Skripts:

Hauptstraße 120 beginnt mit H
Die Hausnummer ist 120

Marktstraße 45 beginnt mit M
Die Hausnummer ist 45

Biergasse 3a ist eine Gasse
Biergasse 3a beginnt mit B
Die Hausnummer ist 3a

Brunnenweg 15 ist ein Weg
Brunnenweg 15 beginnt mit B
Die Hausnummer ist 15

Am Marktplatz 26 ist ein Platz
Am Marktplatz 26 beginnt mit A
Die Hausnummer ist 26

Goetheallee ist eine Allee
Goetheallee beginnt mit G

Mühlhauser Weg 123 ist ein Weg

Mühlhauser Weg 123 beginnt mit M
Die Hausnummer ist 123

Kuno-van-Oyten-Platz 33 ist ein Platz
Kuno-van-Oyten-Platz 33 beginnt mit K
Die Hausnummer ist 33

Wir wollen auch gar nicht lange fackeln und vertiefen uns sogleich in den Code:

```php
$adressen = array('Hauptstraße 120',
                  'Marktstraße 45',
                  'Biergasse 3a',
                  'Brunnenweg 15',
                  'Am Marktplatz 26',
                  'Goetheallee',
                  'Mühlhauser Weg 123',
                  'Kuno-van-Oyten-Platz 33');
```

Zunächst deklarieren wir ein Array namens **$adressen** und verewigen darin ein paar Straßennamen nebst Hausnummern.

```php
foreach($adressen as $strasse) {
```

Nun öffnen wir eine **foreach**-Schleife, um die einzelnen Arrayelemente der Reihe nach abzuklappern. Mehr zu Schleifen in Kapitel 8.

```php
if(preg_match('/weg\b/i', $strasse))
   print "<b>$strasse</b> ist ein Weg<br>\n";
elseif(preg_match('/gasse\b/i', $strasse))
   print "<b>$strasse</b> ist eine Gasse<br>\n";
elseif(preg_match('/platz\b/i', $strasse))
   print "<b>$strasse</b> ist ein Platz<br>\n";
elseif(preg_match('/allee\b/i', $strasse))
   print "<b>$strasse</b> ist eine Allee<br>\n";
```

Jetzt wird's interessant. Mit der Funktion **preg_match** können wir reguläre Ausdrücke auf Zeichenketten anwenden. Dazu wird der Funktion der reguläre Ausdruck sowie die zu durchsuchende Zeichenkette übergeben. In unserem Fall ist das die Variable **$strasse**, die das jeweilige Arrayelement enthält. Die regulären Ausdrücke wollen wir uns mal genauer anschauen:

`/weg\b/i`   `/gasse\b/i`   `/platz\b/i`   `/allee\b/i`

Reguläre Ausdrücke beginnen und enden bei den **preg**-Funktionen (ja, es gibt mehrere davon) immer mit einem Schrägstrich. Hinter dem letzten Schrägstrich können allerdings noch zusätzliche Informationen stehen, wie zum Beispiel hier das „i" – es bedeutet „ignore case", also Groß-/Kleinschreibung bei der Suche nicht beachten. Zwischen den beiden Schrägstrichen steht das sog. *Suchmuster (Pattern)*. Es kann aus normalen Zeichen, *Metazeichen* und *Zeichenklassen* bestehen. \b ist eine solche Zeichenklasse und bedeutet, dass an dieser Stelle eine *Wortgrenze* (word **b**oundary) vorhanden sein muss. Das ist ein Zeichen, das normalerweise zwischen zwei Wörtern steht, zum Beispiel ein Leerzeichen oder ein Tabulator, aber auch der Anfang oder das Ende der Zeichenkette. Zeichenklassen werden immer mit einem Backslash eingeleitet.

Übrigens steht `preg` für „Perl-compatible **reg**ular expressions", womit reguläre Ausdrücke gemeint sind, die sich exakt an die Perl-Syntax halten. Ältere PHP-Versionen (4.0 bis 5.2) verfügen zusätzlich über die `ereg`-Funktionen, mit denen ebenfalls reguläre Ausdrücke angewendet werden können, die allerdings um einiges langsamer arbeiten und uns deshalb hier nicht weiter interessieren sollen.

Doch zurück zu unseren regulären Ausdrücken. `/weg\b/i` sucht innerhalb der Variablen `$strasse` nach dem Wort „weg" mit einer Wortgrenze, wobei Groß-/Kleinschreibung keine Rolle spielen soll. Wozu eigentlich diese ominöse Wortgrenze? Stellen Sie sich vor, Sie hätten eine Straße namens „Schwegelallee". Die Zeichenfolge „weg" steckt auch in „Schwegel", und Sie bekämen ohne die Wortgrenze dann die Ausgabe „Schwegelallee ist ein Weg" – was natürlich Humbug ist. Die Wortgrenze stellt in diesem Fall also sicher, dass die Zeichenfolge nur am Ende eines Wortes gefunden wird.

Auf die gleiche Art und Weise wird auch mit „gasse", „platz" und „allee" verfahren.

```
if(preg_match('/^(\w)/', $strasse, $m))
    print "<b>$strasse</b> beginnt mit $m[1]<br>\n";
```

Der nächste reguläre Ausdruck `/^(\w)/` sucht am Anfang der Zeichenkette (dafür steht das Metazeichen `^`) mit der Zeichenklasse `\w` (**w**ord character) nach einem alphanumerischen Zeichen. Alphanumerische Zeichen umfassen Buchstaben, Zahlen sowie den Unterstrich (_). Zusätzlich ist das `\w` in runde Klammern eingefasst, sprich, *gruppiert*. Warum, das verdeutlicht die Arrayvariable `$m`, die der `preg_match`-Funktion zusätzlich übergeben wird; in ihr werden nämlich die gefundenen Zeichen gespeichert und stehen dann in folgenden Anweisungen über die Indexnummer 1 zur Verfügung. Hätten wir mehrere Gruppen in unserem regulären Ausdruck, also zum Beispiel `/^(\w)(\w)(\w)/`, dann hätte die erste Gruppe wie gehabt die Indexnummer 1, die zweite die Nummer 2 (also `$m[2]`), die dritte die Nummer 3 (also `$m[3]`) und so fort.

Da wir nun dank der Gruppierung im regulären Ausdruck in `$m[1]` den ersten Buchstaben des Straßennamens haben, können wir ihn mit der `print`-Anweisung ausgeben. Vielleicht fragen Sie sich, was wohl in `$m[0]` steht, denn Sie erinnern sich noch, dass sequentielle Arrays immer bei 0 beginnen. Nun, diese Indexnummer beinhaltet immer das Suchergebnis des gesamten Ausdrucks, also alles, was im regulären Ausdruck zwischen den beiden Schrägstrichen steht. Da der Ausdruck jedoch nur aus dieser einen Gruppierung besteht, sind `$m[0]` und `$m[1]` hier zufälligerweise identisch – wir hätten also in diesem Fall auch auf die Gruppierung verzichten und `$m[0]` benutzen können.

```
if(preg_match('/\b(\d\w*)$/', $strasse, $m))
    print "Die Hausnummer ist m[1]<br>\n";
```

Der letzte reguläre Ausdruck `/\b(\d\w*)$/` sucht nach der Hausnummer. Drei Dinge sind hier neu: erstens die Zeichenklasse `\d` (**d**igit), die nur nach den Ziffern 0 bis 9 sucht, zweitens das Sternchen (`*`) hinter `\w` – damit legen wir fest, dass das gesuchte Zeichen mehrmals, aber auch gar nicht vorkommen kann. Drittens schließlich das Dollarzeichen (`$`) am Ende des regulären Ausdrucks, mit dem auf das Ende der Zeichenkette verwiesen wird. Im Klartext: Wir suchen eine Zeichenfolge, die als eigenständiges Wort am Ende der Zeichenkette mit einer Ziffer beginnt und danach weitere Ziffern oder Buchstaben enthalten kann. Warum Buchstaben? Denken Sie an Hausnummern wie zum Beispiel 3a oder 28b.

An dieser Stelle nun eine kleine (unvollständige) Übersicht der in regulären Audrücken zur Verfügung stehenden Metazeichen und Zeichenklassen:

^	kennzeichnet den Anfang der Zeichenkette
$	kennzeichnet das Ende der Zeichenkette
.	findet ein beliebiges Zeichen (außer \n)
\d	findet eine Ziffer (0 – 9)
\D	findet **keine** Ziffer
\w	findet einen Buchstaben, eine Ziffer oder einen Unterstrich
\W	findet **keinen** Buchstaben, **keine** Ziffer und **keinen** Unterstrich
\b	findet eine Wortgrenze, z. B. ein Leerzeichen oder einen Tabulator (\t)
\s	findet ein *Steuerzeichen* (whitespace); dazu gehören z. B. das Leerzeichen und die Zeichen \r, \n, \t und \f

Zusätzlich gibt es noch alternative Schreibweisen und weitere Suchmöglichkeiten, indem eckige Klammern benutzt werden; tatsächlich sind die Zeichenklassen nur Abkürzungen für solche *Auswahllisten*:

[0-9]	findet eine Ziffer (wie \d)
[^0-9]	findet **keine** Ziffer (wie \D)
[a-zA-Z]	findet einen Buchstaben
[^a-zA-Z]	findet **keinen** Buchstaben
[äöüÄÖÜ]	findet einen Umlaut

Hier noch ein paar Beispiele zum Gebrauch der *Wiederholungszeichen* (*, + und { }), die zu den Metazeichen gehören und von denen wir das Sternchen bereits kennen gelernt haben:

/Max+i/	findet **Maxi**, **Maxxi**, **Maxxxi**, usw. (also mit einem oder mehreren „x")
/Max*i/	wie oben, jedoch wird auch **Mai** ohne „x" gefunden
/Max{2}i/	findet **Maxxi**, **Maxxxi**, **Maxxxxi**, usw. (also mit mind. zwei „x")
/Max{2,3}i/	findet **Maxxi** und **Maxxxi**; also mind. zwei, aber nicht mehr als drei „x"

Ähnlich wie das Sternchen (*) funktioniert das Fragezeichen (?), nur dass damit nicht auf beliebig viele, sondern max. ein Vorkommen eines Zeichens geprüft werden kann:

/Max?i/	findet **Mai** und **Maxi**, also mit oder ohne „x"

So, verwirrt genug für den Anfang? Schauen Sie sich trotzdem noch das folgende Beispiel an, mit dem eine gültige deutsche E-Mail-Adresse gefunden werden kann:

```
/[a-z0-9\.\_\-]+\@[a-z0-9äöüßÄÖÜ\.\-]+\.[a-z]{2,4}/i
```

Eine gültige E-Mail-Adresse besteht aus dem Namen des Postfachs, einem Klammeraffen (@) und dem Domainnamen des Mailservers. Im Namen des Postfachs sind nur Buchstaben, Ziffern, Punkte, Unterstriche und Bindestriche erlaubt. Der Domainname darf ebenfalls nur Buchstaben, Ziffern, Punkte und Bindestriche enthalten, jedoch keine Unterstriche, dafür aber Umlaute. Außerdem endet der Domainname immer mit einem Länderkürzel (z. B. de) oder einer anderen Kennung wie beispielsweise com oder net. Diese Endung darf nur aus Buchstaben bestehen und muss zwischen zwei und vier Zeichen lang sein. All dies wird durch den regulären Ausdruck geprüft.

```
[a-z0-9\.\_\-]+\@
```

Der erste Teil prüft den Namen des Postfachs einschließlich des Klammeraffen (z. B. info@ oder max.mueller@). In den eckigen Klammern sind alle erlaubten Zeichen aufgeführt; das Pluszeichen schreiben wir dahinter, weil wir nicht nur ein Zeichen, sondern mehrere suchen. Beachten Sie, dass Punkt, Unterstrich, Bindestrich und Klammeraffe jeweils mit einem Backslash maskiert sind, da es sich um Sonderzeichen handelt. Einige davon haben, wie wir ja bereits wissen, eine Bedeutung in regulären Ausdrücken, daher empfiehlt es sich, alle Sonderzeichen generell mit einem Backslash zu maskieren, wenn sie wie hier nicht mit ihrer speziellen Bedeutung benutzt werden.

```
[a-z0-9äöüßÄÖÜ\.\-]+\.[a-z]{2,4}
```

Der zweite Teil prüft den Domainnamen (z. B. gmx.com, t-online.de). Auch hier sind alle zulässigen Zeichen in den eckigen Klammern notiert, ebenfalls mit einem Pluszeichen dahinter. Danach folgt ein maskierter Punkt – würden wir ihn nicht maskieren, könnte an dieser Stelle ein beliebiges Zeichen (außer \n) stehen, aber wir suchen ja eben einen Punkt. Zum Schluss prüfen wir noch die Domainendung, die nur aus Buchstaben bestehen darf und mind. zwei, jedoch nicht mehr als vier Zeichen lang sein soll.

Wenn Sie sich den gesamten Ausdruck noch einmal anschauen, wird Ihnen auffallen, dass wir am Ende ein „i" angefügt haben. Damit stellen wir sicher, dass die Groß- und Kleinschreibung bei der Suche ignoriert wird. Ohne dieses *Flag* hätten wir den Ausdruck um die Großbuchstaben erweitern müssen:

```
/[a-zA-Z0-9\.\_\-]+\@[a-zA-Z0-9äöüßÄÖÜ\.\-]+\.[a-zA-Z]{2,4}/
```

Das Ergebnis ist natürlich identisch, nur haben wir nun etwas mehr Schreibaufwand. Die Umlaute haben wir bei beiden Versionen angegeben und sowohl klein als auch groß geschrieben, denn sie sind in a-z und A-Z nicht enthalten.

Übrigens findet die preg_match-Funktion immer nur das erste Vorkommen des Suchmusters. Wenn Sie alle Vorkommen finden wollen, sollten Sie stattdessen die Funktion preg_mach_all benutzen; keine Angst, sie wird genauso aufgerufen wie preg_match.

7.7.2. Suchen und Ersetzen mit regulären Ausdrücken

Mit regulären Ausdrücken kann man nicht nur Zeichenketten durchsuchen, sondern die gefundenen Zeichen auch durch andere ersetzen. Schauen wir uns dazu mal ein paar Beispiele an.

7.7.2.1. skript8.php

```
<html>
<head>
<title>Suchen und Ersetzen</title>
</head>
<body>
<?php
  $text = 'Drei Chinesen mit dem Kontrabass';
```

```
    print $text . '<br>';

    $neuerText = preg_replace('/[aeiou]/', 'ö', $text);
    print $neuerText . '<br>';

    $neuerText = preg_replace('/(hi|ne|ra|ba)/', '$1$1', $text);
    print $neuerText . '<br>';

    $neuerText = preg_replace('/Chinesen/', 'Koreaner', $text);
    print $neuerText . '<br>';

    $neuerText = str_replace('Chinesen', 'Japaner', $text);
    print $neuerText . '<br>';
?>
</body>
</html>
```

Folgende Ausgabe sollte durch das Skript erzeugt werden:

```
Drei Chinesen mit dem Kontrabass
Dröö Chönösön möt döm Köntröböss
Drei Chihinenesen mit dem Kontrarababass
Drei Koreaner mit dem Kontrabass
Drei Japaner mit dem Kontrabass
```

Sieht recht unspektakulär aus und ist es im Grunde auch. Natürlich gilt alles, was bisher über die regulären Ausdrücke gesagt worden ist, auch für das Ersetzen.

```
$text = 'Drei Chinesen mit dem Kontrabass';
print $text . '<br>';
```

Zunächst wird eine Zeichenkette $text deklariert und ausgegeben.

```
$neuerText = preg_replace('/[aeiou]/', 'ö', $text);
print $neuerText . '<br>';
```

Jetzt kommt der interessante Teil: Alle (klein geschriebenen) Vokale im Text werden durch ein „ö" ersetzt.

```
Drei Chinesen mit dem Kontrabass
Dröö Chönösön möt döm Köntröböss
```

Das Ersetzen erfolgt in PHP durch Aufruf der Funktion preg_replace. Sie erwartet drei Argumente: den regulären Ausdruck mit dem Suchmuster, die „Ersatzzeichen" sowie die Zeichenkette, in der gesucht und ersetzt werden soll. Das Ergebnis (also der geänderte Text) wird von der Funktion zurückgegeben und hier im Beispiel der Variablen $neuerText zugewiesen. Im Gegensatz zu preg_match findet preg_replace übrigens alle Vorkommen eines Suchmusters.

```
$neuerText = preg_replace('/(hi|ne|ra|ba)/', '$1$1', $text);
print $neuerText . '<br>';
```

Schauen wir uns einmal die nächste Anweisung an. Sie enthält gleich zwei „Konstrukte", die wir noch nicht kennen. Da wäre zum einen der reguläre Ausdruck:

```
/(hi|ne|ra|ba)/
```

Die sogenannte *Pipe* (|) ist uns schon bei den logischen Operatoren (Kapitel 7.4) und den Bit-Operatoren (Kapitel 7.6) begegnet. Als Metazeichen bewirkt sie auch in regulären Ausdrücken eine *Oder-Verknüpfung*. In unserem Beispiel suchen wir also nach den Zeichenfolgen „hi", „ne", „ra" oder „ba". Das Ganze haben wir in runde Klammern eingefasst, also gruppiert, damit wir in der folgenden „Ersatz-Zeichenkette" damit weiterarbeiten können:

```
'$1$1'
```

Mit $1 kann man innerhalb der `preg_replace`-Funktion auf die erste Gruppe zugreifen, mit $2 entsprechend auf die zweite usw. Wir tun hier nichts anderes, als die gefundenen Zeichen, die auf das Suchmuster passen, zweimal hintereinander auszugeben:

```
Drei Chihinenesen mit dem Kontrarababass
```

Ok, macht auch nicht viel mehr Sinn als die Sache mit dem „ö", aber es geht hier ja auch nur ums Prinzip. Während wir also mit den eckigen Klammern nach einzelnen Zeichen suchen können (z. B. [aeiou] = a *oder* e *oder* i *oder* o *oder* u), ermöglicht die Pipe uns eine Suche nach Zeichenfolgen (z. B. hi|ne|ra|ba = hi *oder* ne *oder* ra *oder* ba). Ohne diese Möglichkeit hätten wir für jede Zeichenfolge eine eigene Anweisung schreiben müssen – in unserem Beispiel wären das also drei zusätzliche Anweisungen. Nichts für schreibfaule Programmierer.

```
$neuerText = preg_replace('/Chinesen/', 'Koreaner', $text);
print $neuerText . '<br>';
```

Natürlich kann man mit `preg_replace` auch ganz einfach nur Wörter austauschen, was dieses Beispiel demonstriert:

```
Drei Koreaner mit dem Kontrabass
```

Für solch „banale" Zwecke ist es aber wie mit Kanonen auf Spatzen geschossen, wenn man dafür extra die komplexe `preg_replace`-Funktion bemüht. Deutlich schneller ist da die `str_replace`-Funktion, die PHP für einfache Ersetzungen bereitstellt:

```
$neuerText = str_replace('Chinesen', 'Japaner', $text);
print $neuerText . '<br>';
```

```
Drei Japaner mit dem Kontrabass
```

Der Unterschied zwischen `preg_replace` und `str_replace` liegt darin, dass letztere Funktion nicht mit regulären Ausdrücken arbeiten kann, was aber bei einfachen Ersetzungen wie in diesem Beispiel auch gar nicht erforderlich ist.

Vielleicht sagen Sie sich, ich kann keinen Unterschied in der Ausführungsgeschwindigkeit der beiden Funktionen feststellen, warum soll ich mir da Gedanken machen? Das mag bei einer einzigen Ersetzung zutreffen; wenn Sie aber sehr viele Ersetzungen durchführen und der Text vielleicht auch noch etwas länger ist, dann werden Sie sehr wohl einen Unterschied feststellen. Auch wenn Sie selbst nur wenige Ersetzungen vornehmen, führen vielleicht gerade ein paar Tausend Website-Besucher gleichzeitig Ihr Skript aus (was ich Ihnen natürlich von ganzem Herzen wünsche) und wundern sich dann darüber, dass Ihre Website so langsam ist. Wenn es also auch ohne regulären Ausdruck geht, sollten Sie der Funktion `str_replace` immer den Vorzug geben.

7.8. Zusammenfassung

Das war wieder ein etwas umfangreicheres Kapitel – Zeit für eine kurze Zusammenfassung des Gelernten:

- Ausdrücke sind Angaben, die als Ergebnis „wahr", „falsch" oder das Resultat einer Berechnung zurückliefern.

- Mehrere Ausdrücke können mittels Operatoren zu einem Gesamtausdruck zusammengefasst werden.

- Es gibt Zuweisungsoperatoren, Vergleichsoperatoren, logische Operatoren, Berechnungsoperatoren und Bit-Operatoren.

- Mit regulären Ausdrücken kann man Zeichenketten auf das Vorhandensein bestimmter Suchmuster prüfen und die gefundenen Zeichen bei Bedarf auch gleich ersetzen.

- Die Suchmuster bestehen aus normalen Zeichen, Metazeichen und Zeichenklassen und können einfach, aber auch sehr komplex sein.

8. Schleifen

Unter einer *Schleife* versteht man einen Anweisungsblock, der wiederholt ausgeführt wird, solange eine *Laufbedingung* gültig ist oder bis eine *Abbruchbedingung* eintritt. Schleifen gehören wie auch die bedingten Anweisungen (siehe Kapitel 4.3) zu den Kontrollstrukturen einer Programmiersprache.

In einer Schleife kann man zum Beispiel „der Reihe nach" auf die Elemente eines Arrays zugreifen, wie wir das ja schon in Kapitel 6.3 gemacht haben. Das ist vor allem dann sinnvoll, wenn ein Array viele Elemente hat.

In der Anwendungsprogrammierung werden Schleifen auch dazu benutzt, die Hauptroutine eines Programms so lange zu wiederholen, bis der Benutzer das Programm beendet. Ohne eine solche Schleife würde die Hauptroutine nur einmal durchlaufen und das Programm würde anschließend automatisch beendet. Der Benutzer könnte dann z. B. nur eine einzige Aktion ausführen und müsste für jede neue Aktion das Programm erneut starten. Wie umständlich!

In der Webprogrammierung werden die Skripte in der Regel nur einmal durchlaufen und erzeugen eine Ausgabe, die so lange im Webbrowser dargestellt wird, bis der Benutzer z. B. per Hyperlink auf eine andere Seite wechselt. Wenn das Skript endet, wird nicht gleichzeitig auch der Webbrowser beendet.

Wenn eine Schleife keine Laufbedingung bzw. Abbruchbedingung hat, oder wenn die Laufbedingung niemals ungültig wird bzw. die Abbruchbedingung niemals eintritt, spricht man von einer *Endlosschleife*. Es gilt, solche Endlosschleifen unbedingt zu vermeiden, denn sie können unter Umständen einen ganzen Webserver lahmlegen! Aus diesem Grund verfügt PHP zur Sicherheit über eine maximale Ausführungszeit (in der Regel 30 Sekunden), nach der ein Skript vom Server automatisch beendet wird.

8.1. `for`- und `while`-Schleifen

Es gibt in den meisten Programmiersprachen unterschiedliche Schleifentypen; beginnen wir mit den beiden häufigsten.

8.1.1. skript9.php

```
<html>
<head>
<title>For- und While-Schleife</title>
</head>
<body>
<?php
  $i = 0;
  while($i < 9) {
    print "2 hoch $i ist " . pow(2, $i) . "<br>\n";
    $i++;
  }

  print "<br>\n";
```

```
    for($i = 0; $i < 9; $i++) {
        print "2 hoch $i ist " . pow(2, $i) . "<br>\n";
    }
?>
</body>
</html>
```

Das Skript sollte die folgende Ausgabe erzeugen:

```
2 hoch 0 ist 1
2 hoch 1 ist 2
2 hoch 2 ist 4
2 hoch 3 ist 8
2 hoch 4 ist 16
2 hoch 5 ist 32
2 hoch 6 ist 64
2 hoch 7 ist 128
2 hoch 8 ist 256

2 hoch 0 ist 1
2 hoch 1 ist 2
2 hoch 2 ist 4
2 hoch 3 ist 8
2 hoch 4 ist 16
2 hoch 5 ist 32
2 hoch 6 ist 64
2 hoch 7 ist 128
2 hoch 8 ist 256
```

Zugegeben, nicht besonders spektakulär und vor allem zwei Mal das Gleiche, aber hier geht es schließlich wie immer ums Prinzip. Anhand einer simplen Potenzrechnung soll der Ablauf demonstriert werden. Schauen wir uns gleich die erste Schleife an:

```
$i = 0;
while($i < 9) {
    print "2 hoch $i ist " . pow(2, $i) . "<br>\n";
    $i++;
}
```

Zunächst wird der Variablen $i der Wert 0 zugewiesen. Diese Variable benutzen wir in der folgenden while-Schleife als *Zähler*. Wir wollen die Potenzwerte von 2^0 bis 2^8 ausgeben, deshalb soll die Schleife abgebrochen werden, wenn $i größer als 8 ist. Da while wörtlich übersetzt „während" bedeutet, müssen wir hier mit einer Laufbedingung arbeiten: unsere Schleife soll durchlaufen werden, solange $i kleiner als 9 ist.

Die print-Anweisung gibt die Potenz und den jeweiligen Wert der Potenz aus. Dazu wird die Funktion pow benutzt – sie erwartet zwei Parameter, die Basis (hier 2) und den Exponent (unser Zähler $i). Nicht vergessen, den Zähler noch innerhalb der Schleife zu erhöhen; das geschieht mit $i++. Ansonsten hätten wir schon unsere erste Endlosschleife produziert!

```
    for($i = 0; $i < 9; $i++) {
```

```
    print "2 hoch $i ist " . pow(2, $i) . "<br>\n";
}
```

Der zweite Schleifentyp, nämlich die for-Schleife, ist prädestiniert für diese Aufgabe, denn hier wird der Zähler gleich im Schleifenkopf initialisiert und hochgezählt, so dass im Schleifenkörper nur noch die Ausgabe übrigbleibt. Initialisierung, Laufbedingung und Hochzählen werden durch Semikolons voneinander getrennt und genau in dieser Reihenfolge angegeben.

Statt $i++ hätten wir auch $i += 1 oder $i = $i + 1 schreiben können, aber Programmierer sind ja bekanntlich begeisterte Abkürzer. Übrigens muss nicht zwangsläufig immer eine 1 addiert werden; jede beliebige Zahl ist hier möglich. So kann man durch $i += 5 z. B. in Fünferschritten hochzählen.

Wann nimmt man nun welchen Schleifentyp? Die for-Schleife ist die ideale Wahl, wenn vorher schon feststeht, wie oft die Schleife durchlaufen werden soll, was ja in unserem Beispiel der Fall ist. Wenn hingegen nicht bekannt ist, wie oft die Schleife tatsächlich durchlaufen werden wird, dann eignet sich die while-Schleife besser.

8.2. do-Schleifen

Eine Variation der while-Schleife ist die do-Schleife. Sie unterscheidet sich von der while-Schleife nur dadurch, dass der Anweisungsblock vor der Bedingungsprüfung ausgeführt wird anstatt danach. Dadurch ist sichergestellt, dass die darin enthaltenen Anweisungen mindestens einmal ausgeführt werden, auch wenn das Resultat der Bedingungsprüfung von vornherein einen Schleifenabbruch verursachen würde, wie in diesem Beispiel:

```
$i = 0;
do {
    print "$i<br>";
} while($i > 0);
```

Die Schleife beginnt hier mit der Anweisung do und Laufbedingung mit while wandert ans Ende des Anweisungsblocks.

8.3. foreach-Schleifen

Während die for-, while- und do-Schleifen universell einsetzbar sind, kann die foreach-Schleife nur im Zusammenhang mit Arrays (und Objekten, siehe Kapitel 10) verwendet werden. Mit ihr kann man aber am komfortabelsten die einzelnen Arrayelemente durchlaufen. Ein Beispiel dazu wurde bereits in Kapitel 6.3 gezeigt. Schauen wir uns diesen Schleifentyp mal etwas genauer an.

8.3.1. skript10.php

```
<html>
<head>
<title>Foreach-Schleife</title>
</head>
<body>
```

```php
<?php
  $obst = array('Äpfel', 'Bananen', 'Kirschen');

  foreach($obst as $obstsorte) {
    print "Mama sagt, ich soll mehr $obstsorte essen.<br>\n";
  }

  print "<br>\n";

  $personen = array('Peter' => 'Hamburg',
                    'Paul' => 'Berlin',
                    'Maria' => 'München');

  foreach($personen as $name => $ort) {
    print "$name wohnt in $ort.<br>\n";
  }
?>
</body>
</html>
```

Sofern alles richtig ist, sollte folgende Ausgabe im Browser angezeigt werden:

```
Mama sagt, ich soll mehr Äpfel essen.
Mama sagt, ich soll mehr Bananen essen.
Mama sagt, ich soll mehr Kirschen essen.

Peter wohnt in Hamburg.
Paul wohnt in Berlin.
Maria wohnt in München.
```

Werfen wir wie immer einen genaueren Blick auf das Skript:

```php
$obst = array('Äpfel', 'Bananen', 'Kirschen');

foreach($obst as $obstsorte) {
  print "Mama sagt, ich soll mehr $obstsorte essen.<br>\n";
}
```

Nachdem wir ein sequentielles Array `$obst` deklariert haben, wird im Schleifenkopf der `foreach`-Schleife eine Variable `$obstsorte` angegeben, die bei jedem Schleifendurchlauf das aktuelle Arrayelement enthält. Dieses wird dann im Schleifenkörper ausgegeben. Die Schleife beginnt mit dem ersten Element „Äpfel" und endet mit dem letzten Element „Kirschen". Klingt einfach, ist es auch. Aber was ist mit assoziativen Arrays?

```php
$personen = array('Peter' => 'Hamburg',
                  'Paul' => 'Berlin',
                  'Maria' => 'München');

foreach($personen as $name => $ort) {
  print "$name wohnt in $ort.<br>\n";
}
```

Nun, hier werden einfach statt einer zwei Variablen im Schleifenkopf angegeben; in diesem Beispiel $name und $ort, wobei die erste Variable den Elementschlüssel und die zweite den Ele-
mentinhalt repräsentiert. Genauso wie im assoziativen Array werden Schlüssel und Wert im
Schleifenkopf mit einem Pfeil => verbunden (siehe Kapitel 6.2.2).

8.4. Zusammenfassung

Endlich mal wieder ein kürzeres Kapitel! Trotzdem sollten Sie auch dieses Kapitel mit einer Hand-
voll Wissen verlassen:

- Schleifen ermöglichen die wiederholte Ausführung eines Anweisungsblocks, solange eine
  Laufbedingung erfüllt ist oder bis eine Abbruchbedingung eintritt.

- Man unterscheidet zwischen *kopfgesteuerten* (for, while, foreach) und *fußgesteuerten*
  (do) Schleifen. Bei fußgesteuerten Schleifen wird der Anweisungsblock auf jeden Fall einmal
  ausgeführt, bevor die Laufbedingung geprüft wird.

- Die foreach-Schleife kann nur mit Arrays und Objekten verwendet werden.

9. Funktionen

Funktionen – in der Anwendungsentwicklung bzw. je nach Programmiersprache auch *Prozeduren*, *Unterprogramme* oder *Subroutinen* genannt – sind Hauptbestandteil der *prozeduralen Programmierung* und dienen hauptsächlich zwei Zwecken. Zum einen helfen sie dabei, das Skript übersichtlicher zu gestalten, da sie einzelne, in sich abgeschlossene Programmteile enthalten, die an beliebigen Stellen innerhalb des Skripts aufgerufen und abgearbeitet werden können. Und das ist auch gleich der zweite Verwendungszweck; grundsätzlich kann man festhalten, dass jeder Programmteil, der mehr als einmal benötigt wird, in einer Funktion bereitgestellt werden sollte, da er ansonsten jedes Mal kopiert werden müsste.

Außerdem bieten Funktionen einen weiteren, nicht ganz unerheblichen Vorteil: Wenn eine Änderung in einem Programmteil vorgenommen werden muss, der in eine Funktion ausgelagert wurde, ist nur die Funktion selbst davon betroffen. Alle Stellen, an denen die Funktion aufgerufen wird, sind damit automatisch ebenfalls auf dem neuesten Stand. Praktisch, oder?

9.1. Funktionsparameter und Rückgabewert

In der Regel erwarten Funktionen beim Aufruf einen oder mehrere *Parameter* und geben einen bestimmten Wert zurück, obwohl es natürlich auch Funktionen geben kann, die weder etwas erwarten noch etwas zurückgeben sollen. Stellen Sie sich z. B. eine Funktion vor, die Euro in Dollar umrechnen soll. Als Funktionsparameter würde der Eurobetrag übergeben, und der Rückgabewert wäre in diesem Fall der Gegenwert in Dollar.

9.1.1. skript11.php

```
<html>
<head>
<title>Funktionen</title>
</head>
<body>
<pre>
<?php
  $motorIstAn = false;

  $motorIstAn = motorStarten($motorIstAn);
  $motorIstAn = motorStarten($motorIstAn);
  $motorIstAn = motorStoppen($motorIstAn);
  $motorIstAn = motorStoppen($motorIstAn);

  function motorStarten($motorIstAn) {
    print '<b>Funktion motorStarten:</b> ';

    if($motorIstAn) {
      print "Der Motor läuft bereits.\n";
    }
    else {
      $motorIstAn = true;
      print "Der Motor wurde gestartet.\n";
    }
```

```
       return $motorIstAn;
    }


    function motorStoppen($motorIstAn) {
       print '<b>Funktion motorStoppen:</b> ';

       if($motorIstAn) {
          $motorIstAn = false;
          print "Der Motor wurde gestoppt.\n";
       }
       else {
          print "Der Motor ist bereits aus.\n";
       }
       return $motorIstAn;
    }
?>
</pre>
</body>
</html>
```

Die Ausgabe dieses Skripts sollte folgendermaßen aussehen:

Funktion motorStarten: Der Motor wurde gestartet.
Funktion motorStarten: Der Motor läuft bereits.
Funktion motorStoppen: Der Motor wurde gestoppt.
Funktion motorStoppen: Der Motor ist bereits aus.

Unser Skript hat die Aufgabe, einen virtuellen Motor zu starten und wieder zu stoppen. Hierzu wird zunächst die boolesche Variable $motorIstAn deklariert und mit false vorbelegt (sprich, der Motor ist zunächst aus). Anschließend werden die beiden Funktionen jeweils zwei Mal hintereinander aufgerufen, und zwar mit dem aktuellen Zustand des Motors als Parameter. Der Rückgabewert der Funktionen wird wiederum in der Variablen $motorIstAn gespeichert:

```
$motorIstAn = false;

$motorIstAn = motorStarten($motorIstAn);
$motorIstAn = motorStarten($motorIstAn);
$motorIstAn = motorStoppen($motorIstAn);
$motorIstAn = motorStoppen($motorIstAn);
```

Beim Funktionsaufruf können übrigens sowohl Variablen als auch Literale übergeben werden. Folgende Funktionsaufrufe wären also auch möglich, wenn auch in unserem Beispielskript nicht wirklich sinnvoll:

```
$motorIstAn = motorStarten(false);
$motorIstAn = motorStoppen(true);
```

Doch nun zum Kernstück des Skripts, den beiden Funktionen. In PHP werden Funktionen mit dem Schlüsselwort function deklariert, gefolgt von dem Funktionsnamen und den optionalen Parametern in runden Klammern. Die Klammern sind immer nötig, auch wenn keine Parameter angegeben werden. Für Funktionsnamen gelten übrigens die gleichen Einschränkungen wie auch für Variablennamen (siehe Kapitel 6.1). Anschließend folgt ein Anweisungsblock mit beliebigen Anweisungen, wie wir ihn schon bei den bedingten Anweisungen und Schleifen kennen gelernt haben:

```php
function motorStarten($motorIstAn) {
  print '<b>Funktion motorStarten:</b> ';

  if($motorIstAn) {
    print "Der Motor läuft bereits.\n";
  }
  else {
    $motorIstAn = true;
    print "Der Motor wurde gestartet.\n";
  }
  return $motorIstAn;
}
```

Funktionsparameter werden in der Deklaration immer als Variablen angegeben, die dann in der Funktion verwendet werden können und auch nur innerhalb der Funktion selbst gültig sind. Mit anderen Worten, beim Verlassen der Funktion verschwinden diese Variablen wieder, als hätten sie nie existiert – Asche zu Asche, Staub zu Staub. Mehrere Parameter werden mit Kommas voneinander getrennt.

Wir haben hier für den Funktionsparameter den gleichen Variablennamen verwendet wie für unsere *globale* Variable (mehr dazu in Kapitel 9.2), dies ist aber nicht zwingend notwendig; stattdessen hätten wir auch einen beliebigen anderen Namen verwenden können.

Die Arbeit unserer Funktion ist schnell erklärt und enthält nicht viel Neues. Zunächst wird der Name der Funktion ausgegeben und danach geprüft, ob der Motor bereits läuft ($motorIstAn == true). Ist dies der Fall, soll nur eine entsprechende Hinweismeldung ausgegeben werden. Ansonsten wird der Motor „gestartet", indem die Variable $motorIstAn auf true gesetzt wird, und ebenfalls ein Hinweis ausgegeben. Zum Schluss wird mit dem Schlüsselwort return der Inhalt der Variablen zurückgegeben.

```php
function motorStoppen($motorIstAn) {
  print '<b>Funktion motorStoppen:</b> ';

  if($motorIstAn) {
    $motorIstAn = false;
    print "Der Motor wurde gestoppt.\n";
  }
  else {
    print "Der Motor ist bereits aus.\n";
  }
  return $motorIstAn;
}
```

Die zweite Funktion macht im Grunde das Gleiche wie die erste, nur dass diesmal der Motor „gestoppt" wird, sofern er nicht bereits aus ist, was anhand der übergebenen Variablen geprüft wird.

9.2. Gültigkeit von Variablen

In PHP ist eine Variable nur dort gültig bzw. sichtbar, wo sie angelegt wurde. Wenn Sie eine Variable also z. B. in einer Funktion definieren, kann sie auch nur dort verwendet werden. Außerhalb der Funktion existiert sie nicht, und ein Zugriff auf diese Variable würde einen Fehler erzeugen. Man spricht in diesem Fall von *lokalen* Variablen.

Variablen, die außerhalb von Funktionen angelegt werden (also im „Hauptprogramm"), sind hingegen *global* gültig. Auf diese Variablen können Sie überall zugreifen und sie verändern. Innerhalb von Funktionen allerdings nur, wenn die Variable dort mit dem Schlüsselwort `global` explizit als globale Variable ausgewiesen wurde. Schauen wir uns das Skript von eben noch einmal in leicht abgewandelter Form an:

9.2.1. skript12.php

```
<html>
<head>
<title>Globale Variablen</title>
</head>
<body>
<pre>
<?php
  $motorIstAn = false;

  motorStarten();
  motorStarten();
  motorStoppen();
  motorStoppen();

  function motorStarten() {
     global $motorIstAn;
     print '<b>Funktion motorStarten:</b> ';

     if($motorIstAn) {
        print "Der Motor läuft bereits.\n";
     }
     else {
        $motorIstAn = true;
        print "Der Motor wurde gestartet.\n";
     }
  }

  function motorStoppen() {
     global $motorIstAn;
     print '<b>Funktion motorStoppen:</b> ';

     if($motorIstAn) {
        $motorIstAn = false;
        print "Der Motor wurde gestoppt.\n";
     }
     else {
        print "Der Motor ist bereits aus.\n";
```

```
      }
   }
?>
</pre>
</body>
</html>
```

Zunächst fällt auf, dass wir nun die Funktionen ohne Parameter aufrufen und auch nichts mehr zurückbekommen:

```
$motorIstAn = false;

motorStarten();
motorStarten();
motorStoppen();
motorStoppen();
```

Stattdessen teilen wir den beiden Funktionen mit dem Schlüsselwort `global` mit, dass wir die globale Variable $motorIstAn innerhalb der Funktionen verwenden möchten:

```
function motorStarten() {
   global $motorIstAn;
   ...
}
```

Da wir nun die globale Variable direkt verändern, ist es auch nicht mehr nötig, ihren Wert zurückzugeben; das `return` am Ende entfällt also.

Vermutlich werden Sie jetzt denken, dass diese Variante unseres Skripts besser ist als die erste, weil es weniger zu tippen gibt. In der Praxis sollten Sie es aber möglichst vermeiden, mit globalen Variablen zu arbeiten, denn man verliert sehr leicht den Überblick, welche Funktion wann welche Variable wie geändert hat, und das erschwert die Fehlersuche ganz erheblich.

9.3. Wertübergabe und Referenzübergabe

Referenzen haben wir bereits kurz im Rahmen der Arrays (Kapitel 6.2.2) kennengelernt. Wir wissen bereits, dass eine Referenz ein Zeiger auf eine bestimmte Variable ist und nicht den Inhalt der Variablen, sondern nur deren Speicheradresse enthält. Einfacher ausgedrückt sagt uns eine Referenz, wo eine bestimmte Variable gespeichert ist. Mithilfe dieses Wissens könnten wir nun z. B. den Inhalt ändern, ohne die Variable selbst dafür zu verwenden. Sie fragen sich, wozu das gut sein soll, wenn man doch auf den Inhalt ganz einfach auch über die entsprechende Variable zugreifen kann?

Referenzen sind z. B. immer dann nützlich, wenn man umfangreiche Daten an Funktionen übergeben muss. Dazu muss man wissen, dass es zwei Arten der Parameterübergabe gibt. Bei der *Wertübergabe* (*call by value*) wird der Inhalt einer Variablen übergeben, bei der *Referenzübergabe* (*call by reference*) hingegen nur die Referenz auf eine Variable. Was das für Auswirkungen in der Praxis hat, soll das nächste Skript veranschaulichen:

9.3.1. skript13.php

```
<html>
<head>
<title>Wertübergabe und Referenzübergabe</title>
</head>
<body>
<pre>
<?php
  $name = 'Peter';

  print "1. aktueller Name: $name\n";
  nameAendern1($name);
  print "2. aktueller Name: $name\n";
  nameAendern2($name);
  print "3. aktueller Name: $name\n";

  function nameAendern1($name) {
     $name = 'Paul';
     print "neuer Name: $name\n";
  }

  function nameAendern2(&$name) {
     $name = 'Paul';
     print "neuer Name: $name\n";
  }
?>
</pre>
</body>
</html>
```

Wenn Sie sich nicht vertippt haben, sollte die folgende Ausgabe in Ihrem Webbrowser erscheinen:

```
1. aktueller Name: Peter
neuer Name: Paul
2. aktueller Name: Peter
neuer Name: Paul
3. aktueller Name: Paul
```

In PHP erfolgt die Parameterübergabe grundsätzlich als Wertübergabe, sofern es sich bei dem Parameter nicht um ein Objekt handelt (mehr zu Objekten in Kapitel 10). Das beweist die erste Funktion nameAendern1, der die Variable $name übergeben wird. Nach dem Aufruf enthält die globale Variable noch den gleichen Wert wie vor dem Funktionsaufruf.

```
1. aktueller Name: Peter
neuer Name: Paul
2. aktueller Name: Peter
```

Schauen wir uns nun die zweite Funktion etwas genauer an:

```
function nameAendern2(&$name) {
   ...
}
```

Ist Ihnen das &-Zeichen vor dem Variablennamen aufgefallen? Damit können Sie festlegen, dass Sie nicht den Inhalt einer Variablen, sondern eine Referenz auf diese übergeben wollen. Wenn nun innerhalb der Funktion der Inhalt geändert wird, dann ist das so, als hätten Sie die (in diesem Fall globale) Variable selbst geändert, was die dritte `print`-Anweisung nach dem Funktionsaufruf beweist:

```
neuer Name: Paul
3. aktueller Name: Paul
```

Natürlich bringt die Referenzübergabe die gleichen Nachteile mit sich, auf die bereits bei der Verwendung von globalen Variablen hingewiesen wurde; dennoch hat sie ihre Berechtigung. Immer dann nämlich, wenn umfangreiche Daten an eine Funktion übergeben werden müssen. Bei der Wertübergabe müssen diese Daten bei jedem Funktionsaufruf im Speicher kopiert werden, und das kostet natürlich Zeit und Speicherplatz. Da bei der Referenzübergabe nur ein Zeiger auf die Daten übergeben wird, entfällt das Kopieren. Solange Ihre Funktion die Daten nicht ändert, haben Sie nichts zu befürchten. Tut sie das doch, dann sollte es von Ihnen auch so beabsichtigt sein, ansonsten kann es zu unabsehbaren Nebeneffekten kommen. Betrachten Sie sich also als hinreichend gewarnt.

9.4. Funktionsparameter mit Vorgabewert

PHP erlaubt es uns, Funktionsparameter mit einem bestimmten Wert vorzubelegen. Wird die Funktion ohne diese Parameter aufgerufen, dann verwendet der Interpreter einfach den Vorgabewert. Das ist immer dann praktisch, wenn man eine Funktion häufig mit Parametern aufrufen muss, die sich nur selten ändern.

9.4.1. skript14.php

```
<html>
<head>
<title>Funktionsparameter mit Vorgabewert</title>
</head>
<body>
<pre>
<?php
  function essen($gericht = 'Schnitzel') {
    print "Wir essen $gericht.\n";
  }

  essen();
  essen('Spaghetti');
  essen();
?>
</pre>
</body>
</html>
```

Dieses kurze Skript erzeugt die folgende Ausgabe:

```
Wir essen Schnitzel.
Wir essen Spaghetti.
Wir essen Schnitzel.
```

Und es ist nicht nur kurz, sondern auch schnell erklärt. Zunächst deklarieren wir die Funktion essen mit einem Parameter $gericht, dem wir auch gleich einen Vorgabewert zuweisen:

```php
function essen($gericht = 'Schnitzel') {
    print "Wir essen $gericht.\n";
}
```

Im Folgenden tut die Funktion nichts anderes, als uns mitzuteilen, was heute auf dem Speiseplan steht. Dann rufen wir die Funktion zweimal ohne und einmal mit Parameter auf:

```php
essen();
essen('Spaghetti');
essen();
```

Das Ergebnis sollte nicht überraschen. Wenn es bei Ihnen mindestens zweimal in der Woche Schnitzel gibt, hat sich der Vorgabewert für Sie schon gelohnt, weil Sie dadurch weniger zu tippen haben.

Dieses Kapitel war wieder recht umfangreich; dabei haben wir uns noch gar nicht mit den vielen Funktionen befasst, die PHP von Haus aus bereitstellt. Zum grundlegenden Verständnis der Funktionen und ihrer Verwendung ist dies aber auch nicht notwendig. Ich empfehle an dieser Stelle dem interessierten Leser die Lektüre der offiziellen Webseiten:

http://www.php.net

9.5. Zusammenfassung

Funktionen begleiten uns bereits seit den ersten Kapiteln dieses Buches – nun sind wir auch endlich in der Lage, eigene Funktionen zu schreiben und zu unserem Vorteil einzusetzen.

- Funktionen bieten sich vor allem dann an, wenn ein bestimmter Programmteil mehrmals an unterschiedlichen Stellen eines Skripts ausgeführt werden soll.

- Eine Funktion kann mit einem oder mehreren Parametern aufgerufen werden und einen beliebigen Wert zurückgeben.

- PHP unterstützt die Übergabe von Funktionsparametern als Wert (call by value) sowie als Referenz (call by reference). Objekte können allerdings nur als Referenz übergeben werden.

- Variablen können global (also auch außerhalb der Funktion) oder lokal (nur innerhalb der Funktion) gültig sein. Die Änderung des Inhalts einer globalen Variablen innerhalb einer Funktion bleibt auch nach Verlassen der Funktion bestehen.

10. Klassen und Objekte

Klassen und die aus ihnen erzeugten Objekte sind die wesentlichen Bestandteile der *objektorientierten Programmierung*. Vereinfacht ausgedrückt kann man sagen, dass eine Klasse eine Schablone mit einer beliebigen Anzahl von *Eigenschaften* bzw. *Attributen* (Variablen) und *Methoden* (Funktionen) ist, auf die dann durch beliebig viele aus ihr erzeugte Objekte zugegriffen werden kann. Innerhalb jedes dieser Objekte sind alle Daten gekapselt, sprich eine Veränderung der Daten in einem Objekt wirkt sich nicht auf die Daten der anderen Objekte aus, sofern es sich dabei nicht um *statische* Daten handelt (mehr dazu später). Stellen wir uns z. B. zwei Autos vor, die nebeneinander auf dem Supermarktparkplatz stehen. Wenn wir bei dem einen Auto den Motor starten, wird niemand erwarten, dass gleichzeitig auch der Motor des anderen Autos anspringt. Genauso verhält es sich auch mit Objekten.

10.1. Deklaration und Instanziierung

Zur Verdeutlichung dieses Konzepts und um zu sehen, wie mit PHP objektorientiert programmiert werden kann, schauen wir uns gleich das erste Skript an. Wir haben die Klassendefinition in eine eigene Datei gepackt, damit wir sie später wiederverwenden können.

10.1.1. skript15_1.php und skript15_2.php

Zunächst die Klassendefinition (`skript15_1.php`):

```php
<?php
  class Auto {
    protected static $zaehler = 0;
    protected $nr = 0;
    protected $motorIstAn = false;
    protected $modell = '';

    public function __construct($modell) {
      $this->modell = $modell;
      $this->nr = ++self::$zaehler;
    }

    public function modellAusgeben() {
      print "Auto $this->nr: Ich bin ein $this->modell.\n";
    }

    public function motorstatusAusgeben() {
      if($this->motorIstAn) {
        print "Auto $this->nr: Mein Motor läuft.\n";
      }
      else {
        print "Auto $this->nr: Mein Motor ist aus.\n";
      }
    }

    public function motorStarten() {
      if(!$this->motorIstAn) {
```

```
        $this->motorIstAn = true;
        print "Auto $this->nr: Brrrummmm\n";
      }
    }
  }
?>
```

Und nun unser Ausgabeskript (`skript15_2.php`):

```
<html>
<head>
<title>Klassen und Objekte</title>
</head>
<body>
<pre>
<?php
  include_once 'skript15_1.php';

  $erstesAuto = new Auto('VW Golf');
  $zweitesAuto = new Auto('Opel Astra');

  $erstesAuto->modellAusgeben();
  $zweitesAuto->modellAusgeben();

  $erstesAuto->motorStarten();

  $erstesAuto->modellAusgeben();
  $erstesAuto->motorstatusAusgeben();
  $zweitesAuto->modellAusgeben();
  $zweitesAuto->motorstatusAusgeben();
?>
</pre>
</body>
</html>
```

Kommt Ihnen das irgendwie bekannt vor? Kein Zufall, wir haben ein Skript in ähnlicher Form bereits im vorhergehenden Kapitel verwendet. Die folgende Ausgabe sollte nach dem Aufruf von `skript15_2.php` im Webbrowser erscheinen:

```
Auto 1: Ich bin ein VW Golf.
Auto 2: Ich bin ein Opel Astra.
Auto 1: Brrrummmm
Auto 1: Ich bin ein VW Golf.
Auto 1: Mein Motor läuft.
Auto 2: Ich bin ein Opel Astra.
Auto 2: Mein Motor ist aus.
```

Wir bleiben bei dem Beispiel mit den beiden Autos vor dem Supermarkt. Wir haben in unserem Skript den Motor des Golf gestartet, und der Motor des Astra ist wie erwartet nicht gleichzeitig angesprungen. Das System funktioniert!

Eine Klasse wird mit dem Schlüsselwort `class` definiert, gefolgt von dem Klassennamen und einem Anweisungsblock:

```
class Auto {
  protected static $zaehler = 0;
  protected $nr = 0;
  protected $motorIstAn = false;
  protected $modell = '';
  ...
}
```

Klassennamen unterliegen übrigens den gleichen Einschränkungen wie Funktions- und Variablennamen. Die nächsten Anweisungen beginnen in unserem Beispiel mit dem Schlüsselwort `protected` und definieren vier Eigenschaften, die hier auch gleich mit Werten vorbelegt werden. Neben `protected` kennt PHP noch die Schlüsselwörter `public` und `private`:

`public`   Die Eigenschaft/Methode kann innerhalb und außerhalb dieser Klasse verwendet werden (also auch in Objekten).

`protected`   Die Eigenschaft/Methode kann innerhalb dieser Klasse und in *abgeleiteten* Klassen verwendet werden. Mit abgeleiteten Klassen befassen wir uns noch im nächsten Kapitel.

`private`   Die Eigenschaft/Methode kann nur innerhalb dieser Klasse verwendet werden.

Warum sollte man Eigenschaften oder Methoden einer Klasse mit `protected` oder gar `private` vor dem Zugriff von außerhalb (also z. B. über das Objekt) schützen wollen? Nehmen wir unsere beiden Eigenschaften `$nr` und `$motorIstAn`. Erstere sollte, nachdem das Objekt erzeugt wurde, nicht mehr verändert werden können, ansonsten wäre eine einwandfreie Identifizierung nicht mehr gewährleistet. Und die zweite Eigenschaft sollte nur über die Methode `motorStarten` geändert werden können, die vor dem Start überprüft, ob der Motor nicht bereits läuft. Ähnliches gilt auch für die Modellbezeichnung; es ist äußerst unwahrscheinlich, dass aus einem VW Golf irgendwann im Laufe seines Lebens ein Jeep Wrangler werden könnte.

Ist Ihnen übrigens aufgefallen, dass die erste Eigenschaft mit dem Schlüsselwort `static` deklariert worden ist?

```
protected static $zaehler = 0;
```

Hierbei handelt es sich um eine *statische* Eigenschaft der Klasse, d. h. wenn sie verändert wird, dann wirkt sich das auf alle Objekte aus, die aus dieser Klasse erzeugt worden sind. „Statisch" bedeutet also hier, dass der Wert in allen Objekten derselbe ist. Das ist praktisch, wenn man wie in unserem Beispiel einen Zähler implementieren möchte, der immer die Anzahl der bereits aus dieser Klasse erzeugten Objekte beinhalten soll.

```
public function __construct($modell) {
  $this->modell = $modell;
  $this->nr = ++self::$zaehler;
}
```

Hier wird's nochmal interessant. Eine Klasse kann einen *Konstruktor* enthalten; dies ist eine spezielle Methode, die in PHP `__construct` heißt und dazu verwendet werden kann, beim

Erzeugen eines Objekts dessen Eigenschaften mit bestimmten Werten vorzubelegen oder andere initiale Aktionen durchzuführen. Wir wollen jedem Auto eine Modellbezeichnung sowie eine eigene Nummer geben, um die Objekte später besser voneinander unterscheiden zu können.

Wie man sieht, können nicht nur Eigenschaften, sondern auch Methoden mit den Schlüsselwörtern `public`, `protected` und `private` deklariert werden Wichtig: Methoden, die mit `protected` oder `private` deklariert wurden, können außerhalb der Klasse (und somit vom Objekt) nicht verwendet werden! Eigenschaften und Methoden, die ohne das Schlüsselwort deklariert werden, sind übrigens automatisch immer `public`.

Der Zugriff auf Eigenschaften und Methoden eines Objekts geschieht über die vordefinierte Variable `$this`, gefolgt von dem *Pfeiloperator* `->` und dem Namen der gewünschten Eigenschaft oder Methode:

```php
$this->modell = $modell;
```

Auf statische Eigenschaften kann man allerdings auf diese Art und Weise nicht zugreifen. Hierzu müssen wir stattdessen das Schlüsselwort `self`, gefolgt von dem *Scope-Operator* `::` und dem Variablennamen verwenden:

```php
$this->nr = ++self::$zaehler;
```

Wir weisen also den aktuellen Wert der statischen Klasseneigenschaft `$zaehler` der Objekteigenschaft `$nr` zu, wobei wir ihn vorher durch das vorangestellte `++` inkrementieren. Wenn nun weitere Instanzen erzeugt werden, wird jedes Mal der Zähler inkrementiert, während die bereits erzeugten Objekte ihre eigene Nummer in der Eigenschaft `$nr` behalten.

```php
public function modellAusgeben() {
    print "Auto $this->nr: Ich bin ein $this->modell.\n";
}

public function motorstatusAusgeben() {
    if($this->motorIstAn) {
        print "Auto $this->nr: Mein Motor läuft.\n";
    }
    else {
        print "Auto $this->nr: Mein Motor ist aus.\n";
    }
}
```

Die Methoden `modellAusgeben` und `motorstatusAusgeben` werden lediglich dazu verwendet, Informationen über das Automodell sowie den Motorstatus auszugeben. Da wir beide Eigenschaften als `protected` deklariert haben, können wir über das Objekt nicht direkt darauf zugreifen.

```php
public function motorStarten() {
    if(!$this->motorIstAn) {
        $this->motorIstAn = true;
        print "Auto $this->nr: Brrrummmm\n";
    }
}
```

Die Methode `motorStarten` bietet nichts Neues. Der Motor wird „gestartet", sofern er nicht bereits läuft, indem die Eigenschaft `$motorIstAn` auf `true` gesetzt wird. Auf eine Methode zum Stoppen des Motors wurde diesmal bewusst verzichtet, um den Quellcode nicht unnötig aufzublähen; zum Verständnis des Prinzips ist sie auch nicht nötig.

Nachdem wir unsere Klasse definiert haben, wird sie im zweiten Skript mittels `include_once` eingebunden:

```
include_once 'skript15_1.php';
```

Dies ist notwendig, weil wir in diesem Skript ja auf die Klasse zugreifen wollen. Mehr zum Thema Module und deren Einbindung in Kapitel 11.

```
$erstesAuto = new Auto('VW Golf');
$zweitesAuto = new Auto('Opel Astra');

$erstesAuto->modellAusgeben();
$zweitesAuto->modellAusgeben();

$erstesAuto->motorStarten();

$erstesAuto->modellAusgeben();
$erstesAuto->motorstatusAusgeben();
$zweitesAuto->modellAusgeben();
$zweitesAuto->motorstatusAusgeben();
```

Anschließend werden zwei Objekte `$erstesAuto` und `$zweitesAuto` aus unserer Auto-Klasse erzeugt. Dies geschieht durch eine Zuweisung mit dem Schlüsselwort `new`, gefolgt von dem Klassennamen und optionalen Parametern in runden Klammern. Der Konstruktor unserer Klasse erwartet als Parameter das Automodell, das wir natürlich auch brav übergeben. Von beiden Objekten rufen wir dann nacheinander verschiedene Methoden auf. Wie uns die Browserausgabe bestätigt, agieren beide Objekte völlig unabhängig voneinander, obwohl sie aus der gleichen Klasse erzeugt wurden.

Da ein Objekt eine *Instanz* einer bestimmten Klasse darstellt, spricht man beim Erzeugen eines Objekts auch von *Instanziierung*.

Wir könnten nun noch beliebig viele weitere Objekte instanziieren, die alle mit den gleichen Eigenschaften und Methoden ausgestattet wären. Sollten wir uns in Zukunft doch dazu entschließen, die Methode `motorStoppen` in die Klasse einzufügen, so wären alle Instanzen automatisch mit dieser neuen Methode ausgestattet. Nett, nicht wahr?

10.2. Vererbung

Es ist möglich, von einer bestehenden Klasse beliebig viele andere Klassen *abzuleiten*. Diese neuen Klassen *erben* alle Eigenschaften und Methoden der bestehenden Klasse, und man kann sie nach Belieben mit zusätzlichen Eigenschaften und Methoden erweitern. Man spricht in diesem Zusammenhang auch von *Elternklassen* bzw. *Basisklassen* und *Kindklassen*.

Wozu braucht man sowas, werden Sie sich vielleicht denken. Man könnte doch genauso gut einfach die bereits bestehende Klasse um die gewünschten Eigenschaften und Methoden erweitern. Sofern diese Erweiterungen für alle Instanzen dieser Klasse Sinn machen, spricht grundsätzlich auch nichts dagegen.

Stellen Sie sich vor, auf dem Supermarktparkplatz parkt neben unserem Golf und Astra ein Porsche Boxster ein. Dieser ist als Cabrio mit einem aufklappbaren Verdeck versehen. Würden wir nun einfach unsere Auto-Klasse um entsprechende Eigenschaften und Methoden erweitern, verfügten plötzlich auch die Golf- und Astra-Limousinen über ein aufklappbares Verdeck, was aber leider nicht den Tatsachen entspricht. Wir müssen für den Boxster also eine neue Klasse ableiten.

10.2.1: skript16_1.php und skript16_2.php

Zunächst wieder unsere Klassendefinition in `skript16_1.php`:

```php
<?php
  include_once 'skript15_1.php';

  class Cabrio extends Auto {
    protected $verdeckIstOffen = false;

    public function verdeckstatusAusgeben() {
      if($this->verdeckIstOffen) {
        print "Auto $this->nr: Mein Verdeck ist offen.\n";
      }
      else {
        print "Auto $this->nr: Mein Verdeck ist geschlossen.\n";
      }
    }

    public function verdeckOeffnen() {
      if(!$this->verdeckIstOffen) {
        $this->verdeckIstOffen = true;
        print "Auto $this->nr: Frische Luft!\n";
      }
    }
  }
?>
```

Und unser Ausgabeskript `skript16_2.php`:

```php
<html>
<head>
<title>Vererbung</title>
</head>
<body>
<pre>
<?php
  include_once 'skript16_1.php';

  $erstesAuto = new Auto('VW Golf');
```

```
   $zweitesAuto = new Auto('Opel Astra');
   $drittesAuto = new Cabrio('Porsche Boxster');

   $erstesAuto->modellAusgeben();
   $zweitesAuto->modellAusgeben();
   $drittesAuto->modellAusgeben();

   $drittesAuto->motorstatusAusgeben();
   $drittesAuto->verdeckstatusAusgeben();
   $drittesAuto->motorStarten();
   $drittesAuto->motorstatusAusgeben();
   $drittesAuto->verdeckOeffnen();
   $drittesAuto->verdeckstatusAusgeben();
?>
</pre>
</body>
</html>
```

Rufen wir es im Webbrowser auf, sollten wir die folgende Ausgabe erhalten:

```
Auto 1: Ich bin ein VW Golf.
Auto 2: Ich bin ein Opel Astra.
Auto 3: Ich bin ein Porsche Boxster.
Auto 3: Mein Motor ist aus.
Auto 3: Mein Verdeck ist geschlossen.
Auto 3: Brrrummmm
Auto 3: Mein Motor läuft.
Auto 3: Frische Luft!
Auto 3: Mein Verdeck ist offen.
```

Eine Klasse kann ganz einfach mit dem Schlüsselwort extends abgeleitet werden:

```
include_once 'skript15_1.php';

class Cabrio extends Auto {
   ...
}
```

Dazu ist es natürlich notwendig, dass der PHP-Interpreter auf die Basisklasse, von der abgeleitet werden soll, zugreifen kann. Entweder definiert man beide Klassen in derselben Datei, oder man inkludiert die Elternklasse, wie wir es in unserem Beispiel mittels include_once getan haben.

Anschließend fügen wir eine neue Eigenschaft $verdeckIstOffen sowie zwei Methoden zur Ausgabe des Verdeckstatus und zum Öffnen des Verdecks hinzu – fertig!

```
$drittesAuto = new Cabrio('Porsche Boxster');
   ...
$drittesAuto->motorStarten();
$drittesAuto->motorstatusAusgeben();
$drittesAuto->verdeckOeffnen();
$drittesAuto->verdeckstatusAusgeben();
```

Im Ausgabeskript instanziieren wir unser neues Objekt diesmal von der Cabrio-Klasse und können mit diesem Objekt sowohl auf die geerbten Methoden der Auto-Klasse, als auch auf die neuen Methoden der Cabrio-Klasse zugreifen.

10.3. Zusammenfassung

Wir beenden unseren kleinen Einstieg in die wunderbare Welt der objektorientierten Programmierung wie immer mit einer kurzen Zusammenfassung der wichtigsten Inhalte.

- Mithilfe von Klassen können Eigenschaften und Methoden definiert werden, die anschließend einer beliebigen Anzahl von Objekten zur Verfügung stehen.

- Objekte agieren unabhängig voneinander, d. h. Änderungen an einem bestimmten Objekt wirken sich nicht auf andere Objekte aus (*Datenkapselung*). Eine Ausnahme bilden statische Eigenschaften.

- Klassen können von anderen Klassen abgeleitet werden und erben in diesem Fall alle Eigenschaften und Methoden der Basisklasse.

11. Module

Wir haben in unseren Skripten bereits fleißig Module eingebunden. Aber was sind eigentlich Module?

Wenn Ihre Webskripte einmal umfangreicher werden und die Quelltexte entsprechend länger ausfallen, werden Sie feststellen, dass Ihr Skript schnell unübersichtlich wird. Zudem gibt es auch größere Projekte, an denen mehrere Programmierer im Team arbeiten. Stellen Sie sich vor, diese Programmierer müssten jedes Mal den gesamten Quellcode untereinander austauschen, wenn einer von ihnen etwas geändert oder erweitert hätte.

Da wäre es doch sinnvoller, den Quellcode in einzelne, eigenständige Abschnitte zu unterteilen, die jeweils bestimmte Aufgaben erfüllen – sogenannte Module. Im Team können diese Module dann an die einzelnen Programmierer verteilt werden, die jeweils für deren Weiterentwicklung zuständig sind. Wird etwas in einem Modul geändert, muss nur dieses Modul ausgetauscht werden, und nicht der gesamte Quellcode. Zudem ist damit auch ausgeschlossen, dass ein Programmierer versehentlich oder absichtlich den Code eines anderen verändert.

Mit Modulen kann man auch leicht *Bibliotheken* für bestimmte Programmierbereiche erstellen. So gibt es auch für PHP umfangreiche Bibliotheken für alle möglichen Aufgaben. Module können Sie je nach Bedarf immer wieder in Ihren Projekten einsetzen.

Modulnamen haben in PHP oft (aber nicht zwangsläufig) die Endung `.inc.php`. Der Modulname muss in Form einer Zeichenkette übergeben werden. Sollte sich das Modul nicht im selben Verzeichnis wie das einbindende Skript befinden, muss der Modulname den kompletten Dateipfad enthalten.

11.1. Module mit `include` und `include_once` einbinden

```
include 'modul_1.inc.php';
include_once 'modul_2.inc.php';
```

Während `include` versucht, das Modul bei jedem Aufruf erneut einzubinden (was meistens zu Fehlermeldungen führt), bindet `include_once` das Modul immer nur beim ersten Aufruf ein und ist daher vorzuziehen.

Mit beiden Anweisungen können Module auch *bedingungsabhängig* eingebunden werden:

```
if($bedingung) {
  include 'modul_1.inc.php';
  include_once 'modul_2.inc.php';
}
```

11.2. Module mit `require` und `require_once` einbinden

```
require 'modul_1.inc.php';
require_once 'modul_2.inc.php';
```

Während `require` versucht, das Modul bei jedem Aufruf erneut einzubinden (was meistens zu Fehlermeldungen führt), bindet `require_once` das Modul immer nur beim ersten Aufruf ein und ist daher vorzuziehen.

Ein bedingungsabhängiges Einbinden von Modulen ist mit `require` und `require_once` nicht möglich.

11.3. Zusammenfassung

- Module bieten die Möglichkeit, umfangreicheren Code in logische Blöcke zu unterteilen und an beliebigen Orten abzulegen.

- Module können an beliebigen Stellen innerhalb Ihres Skripts eingebunden werden. Auf die in den Modulen enthaltenen Variablen, Funktionen, Klassen und Objekte kann allerdings erst zugegriffen werden, nachdem das Modul eingebunden wurde.

- Für PHP gibt es zahlreiche Bibliotheken und Frameworks, z. B. Pear und das Zend-Framework.

Herzlichen Glückwunsch, Sie haben es geschafft – das letzte Kapitel dieses Buchs ist hier zu Ende. Ich hoffe, Sie hatten genauso viel Spaß beim Lesen wie ich beim Schreiben!

Über den Autor

Ich begann mit der Programmierung im zarten Alter von 17 Jahren (anno 1984) mitten in der Ära der Homecomputer. Heutzutage, wo schon Kleinkinder in der digitalen Welt zuhause sind, würde man das wohl als „spät" bezeichnen, aber damals lernte man noch auf mechanischen und elektrischen Schreibmaschinen, und PCs gehörten noch nicht zur Kinderzimmereinrichtung.

Jung und unbedarft kam ich während eines Praktikums das erste Mal mit einem Apple IIe in Berührung und war sofort begeistert von den vielfältigen Möglichkeiten, die dieses Gerät mir eröffnete. Rechnungen und Lieferscheine per Knopfdruck – das grenzte fast schon an Magie! Der Computervirus hatte mich befallen und seither nicht mehr losgelassen. Sofort begann ich, mein erstes Programm in Apple-Basic zu schreiben. Nach dieser allerersten Erfahrung sparte ich eisern und schaffte mir baldmöglichst meinen ersten Homecomputer an, einen Sinclair ZX Spectrum mit 16 KB RAM. Es war der Anfang einer wunderbaren Freundschaft.

Im Laufe der Jahre habe ich viele verschiedene Programmiersprachen kennengelernt, von Assembler bis Turbo-Pascal, C/C++ bis VisualBasic, COBOL bis JavaScript, um nur einige zu nennen. Von 1997 bis 2000 arbeitete ich als EDV-Dozent und unterrichtete u. a. DV-Kaufleute und Fachinformatiker. 1998 stellte ich meine erste eigene Homepage ins Netz und arbeitete von 2000 bis 2007 als selbstständiger Webentwickler. Seit 2007 bin ich als Softwareentwickler bei einer international agierenden Webagentur tätig.

Neben der Programmierung war und ist Musik mein größtes Hobby. Ich spiele E-Gitarre in einer Rockband und nehme zuhause auch eigene Stücke auf (meistens instrumental). Dem interessierten Leser seien folgende Webseiten empfohlen:

http://soundclick.com/gerrytentler
http://myspace.com/gerrytentler
http://facebook.com/gerrytentler

www.ingramcontent.com/pod-product-compliance
Lightning Source LLC
Chambersburg PA
CBHW070931180526
45168CB00003B/1034